arte floral

filosofía
materiales y técnicas
diseño
flores, follaje y plantas

arte
floral

filosofía
materiales y técnicas
diseño
flores, follaje y plantas

jane packer

Catherine Gratwicke (fotografía)
Lesley Dilcock (estilismo)

Sharon Amos (textos)

BLUME

BLUME

Título original:
Jane Packer
Flowers Design Philosophy

Traducción:
Maite Rodríguez Fischer

Revisión científica y técnica de la edición en lengua española:
María Ángeles García Sieiro
Asesora Técnica de Arte Floral

Coordinación de la edición en lengua española:
Cristina Rodríguez Fischer

Primera edición en lengua española 2001

© 2001 Naturart, S. A. Editado por BLUME
   Av. Mare de Déu de Lorda, 20
   08034 Barcelona
   Tel. 93 205 40 00
   Fax 93 205 14 41
   E-mail: info@blume.net
© 2000 del texto Jane Packer
© 2000 de las fotografías y diseño Conran Octopus
   Limited, Londres

I.S.B.N.: 84-8076-394-9

Impreso en China

CONSULTE EL CATÁLOGO DE PUBLICACIONES *ON-LINE*
INTERNET. HTTP://WWW.BLUME.NET

contenido

introducción

Por fin es oficial. Todos concuerdan con lo que yo siempre
he creído: ¡las flores están de moda! La gente compra flores ahora más que
nunca, no sólo como regalo o muestras de condolencia, como sucedía cuando comencé a trabajar en este negocio, sino para ellos mismos. Actualmente
el preparar arreglos florales es una ocupación que está de moda.

Dónde compra sus flores y la forma en que las dispone dice mucho
acerca de usted; es obvio que hay unas reglas dc estilo que respetar. En cierto modo, éste es un motivo para alegrarse, pero la otra cara de la moneda es
que las flores para diseño presentan un aspecto ostentoso. Sin embargo, siempre he defendido con pasión que la gente no debe sentirse inhibida al comprar o utilizar las flores, y este libro le enseñará que existen unas reglas muy
sencillas que debe seguir para facilitar la tarea de comprar flores y disponer-
las en un arreglo. Considere el libro como si fuera un curso de iniciación, y
una vez que domine los fundamentos, lo cual no le llevará mucho tiempo,
contará con las habilidades y la confianza necesarias para empezar a hacer sus
propios diseños.

filosofía

elementos

¿Por dónde comenzaremos exactamente a elegir las flores? En una tienda a menudo lo primero que nos llama la atención es el color. Una vez que usted ha elegido una sola flor o un ramo, la forma y la textura comienzan a desempeñar su papel conforme añade más flores. Otro elemento que hay que tener en cuenta es el recipiente que tiene pensado utilizar: ¿de qué color es, qué textura, qué altura tiene? Y lo mismo con respecto a la habitación en la que se expondrán las flores. Si éstas son un regalo, tendrá que considerar el carácter de la persona a quien van dedicadas –un ramo puede ser impactante o delicado, romántico o exótico. En este capítulo he detallado los componentes de un arreglo adecuado –el color, la forma y la textura– y después he buscado la forma de ponerlos juntos con acierto. Por supuesto, en muchos aspectos estos elementos se solapan, pero cada uno de ellos interviene en el resultado final. Al mismo tiempo, debe recordar la altura de las flores y cuántos tallos se van a utilizar. Finalmente, el aroma puede o no desempeñar un papel importante.

color

Según demuestra el creciente mercado de revistas
de decoración, así como el interés que el tema suscita en los programas de
televisión, todos tenemos más experiencia y somos más arriesgados al
decidir los colores para el hogar. La elección de las flores para hacer juego
con un interior sigue los mismos principios que la decoración.

Los colores de las flores también están o no de moda,
al igual que los colores para las casas o las pasarelas.
También hay algunos tonos que no suelen ser colores
florales. Por ejemplo, el verde es el color que se
supone tienen todas las hojas y tallos, aunque cada
vez son más las flores verdes que se encuentran en
el mercado; de igual forma el marrón, para nuestra
sorpresa, es uno de los últimos colores que se
introducen.

Nos encontramos una y otra vez con el círculo
cromático cuando se hace mención al color. Se trata
de una versión circular del arco iris en la que el rojo,
el naranja, el amarillo, el verde, el azul, el índigo y el
violeta están dispuestos en sentido contrario al de las
agujas del reloj. En general, los colores contiguos del
espectro crean un efecto armonioso, mientras que
los colores opuestos crean un fuerte contraste. Yo
prefiero los colores, que son matices de un mismo
color base —como el lila, el rosa y el púrpura en la
barra coloreada de la derecha— porque son agradables
a la vista, pero uso colores que contrasten cuando
busco un efecto mucho más espectacular.

El color es intensamente emocional y puede
utilizarse para crear o reforzar un estado anímico.
Las flores de color rojo intenso o naranja son ideales
para un interior atrevido, mientras que los azules y
los púrpuras son mejores en un ambiente relajado.
Pero, cuando enseño, me gusta crear recetas de color
con las que la gente se sienta segura antes que dar
reglas que se deban obedecer. En las páginas
siguientes mostraré algunos colores de flores y cómo
utilizarlos. Una vez domine unas cuantas creaciones
simples de color, tendrá la confianza suficiente para
experimentar con sus propias ideas.

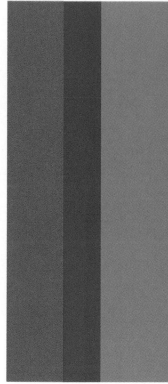

púrpura y azul

Aunque este arreglo aún no está terminado –las violetas se preparan con inmersión en agua para prolongar su vida– ilustra perfectamente cómo actúan juntos los colores relacionados como los púrpuras y los azules. Los colores son apagados y suaves, y el atisbo de rosa en el cuenco azul añade calidez al conjunto. Las anémonas, los tulipanes, *Lisianthus* y el ajo ornamental (*Allium*) tienen diferentes tonos violetas.

verde

Los cultivadores han tomado nota de las tendencias decorativas y de estilo de vida y han desarrollado flores que se adapten a ellos, como este crisantemo verde. Las flores verdes son ideales para obtener resultados con una fuerte sensación de encuentro entre Oriente y Occidente; me recuerdan a los jardines zen, donde predominan los musgos y el follaje verde. El verde es un color tranquilizador y pacífico. Pruebe con las rosas, *Zinnia* y *Anthurium*.

naranja

El naranja es uno de los colores que ha estado de moda de forma cíclica. Cuando empecé a trabajar en los años setenta, las azucenas «Enchantment» causaban sensación. Tras haber sido degradado durante algunos años a ser un color para flores de arriate, el naranja ha recuperado prestigio y está ahora en la vanguardia de la moda floral. Estas bayas de espino de fuego aportan una alegre pincelada de color en otoño. Las amapolas, los ranúnculos, *Gerbera,* las rosas y el tablero de damas también se encuentran disponibles en intensos tonos naranjas.

marrón

Las flores de color marrón son también un resultado de los cambios en las tendencias de los proyectos de decoración de interiores. Los cultivadores han obtenido flores marrones para coordinar con habitaciones donde predominan los colores neutros, las pieles y el ante. No se trata de los tradicionales tonos rojizos, sino que éstos tienen el color del chocolate, con toda su intensidad, e igual de gratificantes que una caja de bombones. Busque *Banksia*, crisantemos (en la ilustración), *Freesia*, *Gerbera* y rosas.

forma

Las flores y el follaje pueden clasificarse

según su forma en tres grupos básicos. Primero se encuentran las flores llenas, redondas, que dan a los arreglos densidad y forma. Después, los tallos largos de flores o follaje que añaden altura y estructura. Finalmente se encuentran las plantas de «relleno» cuya función es la de llenar los huecos entre las otras dos formas.

Al seleccionar flores para un arreglo mixto, estos tres grupos son de particular importancia. El uso de diferentes formas en un arreglo requiere el desarrollo de un sentido del equilibrio. Por ejemplo, las flores globulares sobre tallos largos en los bordes del diseño formarán una serie de manchas desagradables y pesadas. Yo soy partidaria de mantener las formas redondeadas a una altura baja para dar una impresión visualmente equilibrada. Las flores redondas típicas incluyen a las hortensias, los crisantemos, las rosas y las anémonas, las cuales ofrecen toda una gama de formas circulares, desde las anémonas que son planas, casi bidimensionales, hasta las enormes cabezas globulares de las hortensias.

Los tallos largos quedan mejor hacia la parte exterior del arreglo, ya se trate del desnudo bambú o *Xanthorrhea*, rígidos y modernos, o de *Delphinium* y los gladiolos, que aportan un perfil más suave.

Para llenar los espacios que quedan entre las flores voluminosas y las hojas y tallos lineales necesita una planta difusa, con una forma desdibujada; en estas ocasiones las plantas de relleno con una forma amorfa son de enorme valor. El ejemplo clásico es la gipsófila —una antigua favorita—, cuyas difuminadas nubes de pequeñas flores envuelven perfectamente todo el arreglo. Otras plantas de utilidad similar son la vara de oro, el áster y el romero, que pueden utilizarse para llenar los espacios entre los componentes principales. Aunque en realidad nada le impide utilizarlas en solitario, no suelen ser el motivo principal de un arreglo.

Hay una estrecha relación entre la forma predominante de las plantas que utilice y la elección del jarrón. Las flores proporcionan la clave del recipiente, y la elección del mismo es más que nada cuestión de sentido común. Las flores altas, por motivos de estabilidad y también de estética, deberían colocarse en jarrones altos; sitúelas en uno pequeño y se volcarán tan pronto vuelva la espalda. Los tallos de *Delphinium* y los gladiolos, por ejemplo, requieren recipientes que sean estrechos para mantenerlos erguidos.

La regla tradicional del florista establece que, para un arreglo equilibrado, los tallos más largos no deberían sobresalir una tercera parte de la altura del jarrón. Ésta es la mejor forma de arreglar las flores, y realmente funciona. Es necesario aprender y apreciar las técnicas tradicionales antes de comenzar a romper las reglas. Actualmente se hacen arreglos transgresores usando, por ejemplo, jarrones altos con flores diminutas que prácticamente se asoman al cuello del jarrón: son, en este momento, el último grito del diseño floral.

La textura es una parte importante y apasionante de

cualquier arreglo. Cuando las plantas o flores tienen una textura especial, la elección del color se convierte en un tema secundario. La textura ejerce una enorme influencia sobre los estados de ánimo y puede utilizarse para sugerir efectos muy distintos.

Las plantas espinosas como los cardos y *Heliconia* son dinámicas e impactantes, mientras que las peonías y las rosas, con sus múltiples pétalos, son voluptuosas y femeninas. Aunque deteste decirlo, las flores sí que reflejan los estereotipos de los géneros. No sería apropiado colocar coloridas peonías en un entorno de marcado carácter masculino, por ejemplo; sería mejor reservarlas para un salón de peluquería o un salón nupcial donde es más probable que se aprecien sus cualidades románticas. Sin embargo, una oficina donde únicamente trabajen hombres será un entorno más adecuado para colocar los angulosos y arquitectónicos tallos de las aves del paraíso (*Strelitzia*), la espinosa *Banksia*, los rectos tallos de los bambúes y otras hierbas.

La textura tiene una notable influencia sobre la forma en la que percibimos el color: los pétalos relucientes reflejan más luz que los que son suaves y con textura de papel y hace que los colores parezcan más brillantes e intensos. Los pétalos de *Delphinium*, por ejemplo, pueden ser casi tan iridiscentes como las alas de una mariposa. Incluso allí donde el color no varíe con la textura superficial, una masa de pétalos complejamente doblados y curvados ofrecerá un aspecto mucho más interesante que un bloque uniforme de color sólido. Me encantan los ranúnculos: sus pétalos son muy abundantes y son tan extravagantes e intrincados como los trajes de fiesta más vistosos. Los pétalos también refuerzan la intensidad del color al crear sombras en su interior.

Algunas flores son increíblemente brillantes. Las flores de *Anthurium* no eran de mi agrado cuando no se podían comprar más que en color rosa flamenco, ya que me daban la impresión de ser de plástico. Pero ahora se producen en tonos verdes, marrones y púrpuras que coordinan con su intenso brillo.

La textura es particularmente importante en el momento de elegir el follaje. Las hojas pueden parecer de un color verde uniforme, pero nada más lejos de la realidad. La superficie de una hoja puede ser satinada, intensamente nervada o cubierta de pelusilla, y todas ellas afectan a la impresión final del color. Resulta vital incluir una variedad de texturas al mezclar follajes: si todas las hojas son satinadas, sin importar la diferencia de formas, todas ellas se «fundirán» en un brillo apagado.

Quizá el aspecto más obvio de la textura sea el tacto. Encuentro casi irresistibles los tallos de sauce cabruno (bardaguera) en primavera; los suaves y peludos brotes de flores me recuerdan a las orejas de los ratoncillos. También me encanta acariciar las aterciopeladas flores de celosía. Por el contrario, los espinosos cardos parecen afirmar con rotundidad que prefieren no ser tocados.

espinosas **Extrañamente armadas con espinas, las flores del cardo (superior) se presentan en diferentes tamaños; las más pequeñas son de un color azul intenso, las más grandes gris plateado.** Inferior, de izquierda a derecha. **El ejemplar de** *Banksia* **casi no parece una flor, es más parecido al amasijo de cables que cabría encontrar dentro de una centralita telefónica. El fruto del castaño de Indias tiene una cáscara espinosa e irregular, que contrasta con su brillante interior (***véase* **página siguiente, superior). Los pétalos de la tropical** *Heliconia* **se solapan como las escamas de un reptil y aportan un dinámico elemento arquitectónico a cualquier arreglo.**

brillantes

Los brillantes frutos de los castaños de Indias (superior), recolectados en otoño, brillan con la pátina de una madera bien pulida, pero se decoloran con el tiempo. Inferior, de izquierda a derecha. Las anchas hojas brillantes de la aspidistra tienen ahora una gran demanda como follaje cortado. Las flores de *Anthurium* parecen haber sido modeladas en plástico en lugar de cultivadas. Las hojas del conocido arbusto de jardín *Photinia* en su variedad «Red Robin» tienen un fuerte brillo, salpicado de rojo, y unas hojas claramente serradas, lo que las hace muy populares entre los floristas.

suavidad **Fíjese en la extraña suavidad y vellosidad del corazón de *Protea* (superior) y le parecerá admirar una flor prehistórica.** Inferior, de izquierda a derecha. **Las sombras en el interior de una rosa roja son tan profundas y suaves como el terciopelo negro. La cresta de gallo tiene unas flores complejamente dobladas y encañonadas que además están densamente cubiertas de pelusilla; si las deja cortas y las combina con flores más altas, parecerá que ha entrelazado una ancha cinta entre los tallos. La especie plumosa de celosía tiene coloreadas y suaves plumas.**

orgánica La textura no tiene por qué estar restringida a flores y follaje. Unos bloques de piedra desgastada por el tiempo (superior) pueden añadir textura a un arreglo, al igual que la corteza de un alcornoque (inferior, izquierda), arrugada como la piel de un elefante y colonizada por pequeños líquenes anaranjados. La escultural forma de una calabaza (inferior, centro) recuerda a una antigua urna de terracota. Las cabezuelas frescas de semillas del loto verde (inferior, derecha) se secarán y se volverán de color marrón. Utilice sus formas ribeteadas y salpicadas de semillas para añadir textura a un arreglo.

combinar flores

La disposición de las diferentes flores y follajes en un arreglo es semejante a la forma de colocar la comida en un plato. La intención es lograr algo estimulante y llamativo. Al igual que con la comida, el color es fundamental. Si sirviera un plato de macarrones, no añadiría puré de patatas y coliflor: el efecto sería demasiado uniforme. Aunque cada componente tuviera unas buenas características, se fundirían entre sí. Aquí es donde entran en juego la textura y la forma. Al elegir una mezcla de texturas espinosas y suaves, así como formas redondeadas y lineales, definimos cada elemento del arreglo. Los colores pueden combinarse de muchas maneras diferentes, como veremos ahora. El ingrediente más esquivo que puede añadir es el olor, que no tiene reglas ni límites.

A menudo, la frase tópica de nuestro tiempo, menos es más, es una buena máxima que seguir al combinar flores. Un enorme jarrón de flores resulta impresionante; sin embargo, puedo afirmar que una pequeña flor que flota en un cuenco causará realmente un impacto semejante al del arreglo más espléndido.

colores armoniosos

La forma más segura de comenzar a experimentar
con el color es empleando colores armoniosos. Me refiero a colores que
simplemente son tonos de un mismo color base. Todo lo que debe hacer es
elegir un color base, y después añadir capas de color en tonos diferentes. Por
ejemplo, podría empezar con púrpura y después añadir violeta y lila. Con
el naranja como punto de partida, podría añadir melocotón y albaricoque.

La elección del color inicial dependerá del proyecto
que tenga en mente, pero no necesariamente será la
flor la que determine el color. Para un arreglo de
interior podría comenzar con el color de la pared
y encontrar un jarrón en el mismo tono, como el
que aparece en la ilustración (página siguiente).
Pueden añadirse los elementos más dispares al
conjunto, desde un tapete de mesa hasta las velas,
pasando por un jarrón adicional. El sencillo ramo
de jacintos en el corazón del arreglo fotografiado
en la página siguiente parece expandirse, ya que los
elementos a su alrededor se hacen eco de su color.

Las flores para un centro de mesa pueden
elegirse a juego con el color de las servilletas, del
mantel o incluso de las tarjetas con el nombre
de los comensales. Incluso he llegado a ser conocida
por llevar la armonización al extremo de combinar
los colores de las flores con la comida, por ejemplo,
seleccionando los tonos de las bayas utilizadas en el
postre a juego con los pétalos de las rosas o de las
peonías. Uno de los trucos que utilizo consiste en
reforzar la asociación colocando las flores en un
jarrón de cristal contenido a su vez en otro, y

colocando bayas en el espacio entre ambos
jarrones.

Si elige flores para una novia, el punto de inicio
podría ser el color del vestido, o incluso su
complexión si prepara una diadema. Decida
el color base y trabaje sobre él: así no podrá
equivocarse. Sólo debe evitar una cosa. Tenga sumo
cuidado al intentar añadir blanco a su arreglo, ya que
puede destrozar la armonía tan cuidadosamente
lograda.

También puede crear armonías totales de color,
utilizando tonos que no estén necesariamente
cercanos en el círculo cromático, pero que tengan
la misma profundidad de color. Una excelente
manera de comprobar si las flores son de tonos
similares es imaginarlas en blanco y negro: mirarlas
con los ojos semicerrados resulta de gran ayuda.
Los colores del mismo tono parecen tener una
tonalidad similar de gris.

Los colores armoniosos son ideales si quiere crear
un efecto sofisticado. El arreglo terminado será
bastante discreto, no destacará ni llamará la atención,
pero será extremadamente elegante.

colores contrastantes

Los arreglos espectaculares se basan en los colores
contrastantes: tonos intensos y fuertes que compiten por llamar la atención.
Los colores contrastantes son mucho más difíciles de utilizar que los
armoniosos; por su fuerza e intensidad necesitan una combinación cuidadosa
para crear una espectacular explosión de color y no algo que en realidad
sea incómodo a la vista.

Durante años nos han dicho que el naranja y el rosa no «combinan» o que «no hay que juntar el rojo con el verde», pero hay maneras de romper las reglas para crear combinaciones atractivas que no le impulsen a buscar unas gafas de sol. El empleo de la forma y la textura pueden ayudarle a poner los colores fuertes codo con codo. Un perfil interesante o una textura que rompa la superficie reduce cualquier efecto negativo que los colores enfrentados puedan tener uno sobre otro.

Me gusta comenzar mirando la naturaleza. Tome como ejemplo el bonetero (*Euonymus europaeus*), que en otoño presenta frutos de un estridente color rosa, que se abren para revelar las brillantes semillas anaranjadas, pero no ha dejado de utilizarse en jardines y setos porque sus colores se anulan. Utilícelo como inspiración para colocar un jarrón rosa lleno de tulipanes de vivo color naranja. Si quiere crear un efecto aún más destacado, coloque el arreglo contra una pared de color verde lima: su aspecto será impresionante.

Una vez más, quiero hacer una comparación entre trabajar con flores y cocinar. A mi parecer, utilizar el color lima en un arreglo –en especial en uno que utilice el rosa– es como añadir zumo de lima a la comida. Simplemente acentúa todo el efecto. Al igual que lo dicho para los colores armoniosos, también hay que tener cuidado con la introducción del blanco, ya que puede destruir la explosión de color que acaba de crear. Si el combinar rosa con naranja aún le da dolor de cabeza, muévase un par de posiciones sobre el círculo cromático y empareje el naranja con el carmesí o el púrpura.

Muchos otros colores contrastantes se presentan de forma espontánea en la naturaleza. Las flores rojas, como las rosas o la salvia, con tallos y follaje verdes, son un ejemplo natural de los colores complementarios en acción: el rojo y el verde se encuentran situados en posiciones opuestas en el círculo cromático. Otras parejas complementarias incluyen el naranja y el azul, y el amarillo y el violeta: todos ellos crean un fuerte contraste de color sin peligro de desentonar.

Para un contraste de color un poco más discreto, considere una rosa de color rosa en la que las pinceladas de verde del tallo se extienden hacia arriba para teñir la base de los pétalos, y trabaje sobre ese contraste. Comience con las rosas de color rosa y aumente la cantidad y presencia del color verde en el arreglo añadiendo tallos de rosa de Güeldres, cuyas flores redondeadas presentan un suave y ligero tono de verde.

combinar formas

Mezclar formas es todo un arte. Cada uno de los elementos de un arreglo aporta una forma, desde el recipiente hasta las plantas, incluidos los tallos debajo de la línea del agua en un jarrón de vidrio. Me gusta romper las reglas tan a menudo como sea posible en este aspecto, y disfruto particularmente al crear contrastes entre las formas redondeadas y las líneas gráficas, debido al asombro que generan.

En el arreglo alto que vemos aquí he utilizado las flores globulares de *Hippeastrum* para imitar la pecera llena de manzanas que hace las veces de jarrón; los tallos rectos que se alzan a través del jarrón crean un contraste espectacular. Puede crear un contraste similar entre líneas gráficas y curvas suaves utilizando un jarrón cuadrado de vidrio que contenga una cúpula de rosas aterciopeladas. Aunque el contraste sea menos marcado, se podrá percibir la disparidad entre el pesado recipiente cuadrado y las suaves flores. A su vez, debajo del agua, los espinosos tallos contrastan con las manzanas silvestres.

Incluso al crear un arreglo basado principalmente en el contraste de formas y figuras, no puede ignorar el color. El relacionar el color de las flores con los otros materiales utilizados da al arreglo un acabado armónico. Si añadiera satsumas naranjas a las rosas rojas únicamente porque son redondas no tendría el mismo efecto.

Estos arreglos cobran fuerza al utilizar únicamente una especie de flor. Es un estilo que no se restringe a las flores grandes; podría llenar un enorme jarrón cuadrado con un gran número de campanillas de invierno con pequeños guijarros blancos bajo la línea del agua. La elección de manzanas silvestres, guijarros, grava, conchas, cuentas o rocas para llenar el jarrón tiene un papel funcional y decorativo, ya que mantienen los tallos en su sitio y permiten elevar las flores de tallos cortos.

Dos arreglos diferentes que se basan en el contraste entre las curvas suaves y las líneas rectas. El agua añade una nueva dimensión a los arreglos al destacar los frutos sumergidos.

combinar
texturas

La textura de una flor o una hoja hacen que destaque
en un arreglo y justifican su inclusión. Es muy fácil
caer en la trampa, sin darse cuenta, de combinar flores
semejantes. Por ejemplo, las caléndulas, *Gerbera* y
Zinnia son hermosas flores con pétalos plumosos,
pero un arreglo que contenga a las tres resulta
aburrido ya que sus cabezas florales presentan formas
similares.

No tiene sentido seleccionar follaje si el conjunto
tiene una superficie mate, ya que no será capaz de
distinguir las hojas una vez estén agrupadas. Busque
al menos dos follajes diferentes de texturas opuestas
–brillante contra mate, ribeteado contra
aterciopelado– y fíjese en la textura de las flores
al mismo tiempo que las elige por su color. En el
arreglo fotografiado aquí hay seis ingredientes muy
individualizados: brillantes hojas rojas de *Photinia* en
su variedad «Red Robin»; follaje mate de eucalipto;
plumosas flores de caléndula; céreos ejemplares de
Freesia de color marrón; brillantes bayas anaranjadas
y secas cabezuelas de semillas de escabiosa con
textura similar a la del papel.

Una parte de mi estilo característico consiste en
agrupar una variedad de flores dentro de un arreglo
en lugar de diseminarlas por todo él. Me he inspirado
directamente en la naturaleza para esta técnica.
Después de todo, en un macizo lo que se ve son
grupos de follaje o un grupo de flores, y no
únicamente un tallo que destaque, a menos que
resulte que observa un esquema de plantación a la
antigua usanza. Al combinar texturas, esta técnica
cobra importancia, ya que permite una comparación
más espectacular entre ellas, como ilustra claramente
el arreglo terminado.

**Un llamativo arreglo con textura en marrones, naranja y
ocre (derecha) contrasta claramente con el sencillo arreglo
de cabezuelas de escabiosa (extremo derecha).**

altura y cantidad

Ya se trate de la próxima tendencia en arreglos florales, o de un nuevo material de trabajo, en la floristería existe la búsqueda constante de la novedad. Una manera relativamente inexplorada de crear algo diferente consiste en experimentar con la altura. Aunque vale la pena tener en cuenta la regla tradicional de que los tallos más altos no deberían sobresalir más de un tercio del jarrón, llegará el momento en que se sentirá preparado para ignorar esa máxima y probar cosas nuevas.

Si toma un jarrón alto y lo utiliza de tres formas diferentes verá lo que quiero decir. Existe una tendencia creciente a sumergir las flores en agua, pero aquí he encerrado una única *Gerbera* en el jarrón y la sujeto con una capa de piedras. Me gusta la forma en la que el tallo se curva de forma natural en el jarrón y cómo la flor parece ser un espécimen valioso bien conservado.

Los crisantemos verdes rompen la regla, ya que sus largos tallos han sido cortados de manera que las flores se apoyan en el borde del jarrón. Para evitar un énfasis innecesario en los tallos –pues debemos admitir que no tienen mucho interés– he añadido una hoja de aspidistra como camuflaje.

También se encontrará con la regla de que las flores deben disponerse en números impares, una regla creada principalmente para evitar que las flores parezcan demasiado reglamentadas. Pero al trabajar con algo tan extraordinario como *Xanthorrhea australis* (extremo izquierda), cuyas impresionantes espigas marrones se llenan con diminutas flores blancas cuando se abren, verá que ese peligro no existe. De forma similar, el par de ramas de manzanas silvestres parecen bastante informales, sobre todo si algunos de los frutos han caído al agua.

Atrévase a romper las reglas con (de izquierda a derecha) las ramas de *Xanthorrhea australis*, un único ejemplar de *Gerbera*, un ramo de crisantemos y un par de ramas de manzanas silvestres.

aroma

La fragancia es una parte increíble de mi

trabajo. A pesar de que mi olfato ha sido bombardeado con tantos aromas diferentes a lo largo de los años, nunca deja de responder ante ciertas situaciones, como cuando en la tienda preparamos los primeros narcisos del año.

Cada primavera, la fragancia inconfundible de los narcisos me transporta a la época en la que recibí mi primer sueldo y dudé entre comprar el último sencillo de Diana Ross o un enorme ramo de «Soleil d'Or». No resulta sorprendente que eligiera las flores.

El aroma evoca recuerdos y emociones en todos nosotros, y puede provenir de la planta menos pensada. Un día gris, al caminar por un parque, me sorprendió la fragancia de un arbusto de *Mahonia*; sus flores amarillas tenían un olor tan dulce como el lirio de los valles. El *Eleagnus*, que tendemos a utilizar como planta de follaje, es otra especie sorprendentemente fragante, y produce unas flores pequeñísimas pero muy perfumadas en invierno.

El aroma es estacional. En Navidad la tienda se llena con el rico perfume de los clavos, el pino y la canela. Y en el momento en que la Navidad se termina y nos adentramos en la primavera, predominan los perfumados narcisos y jacintos, mientras que el verano se caracteriza por el intenso aroma de las rosas, las lilas y las madreselvas.

Debe tener cuidado al utilizar las flores perfumadas. Pueden no resultar adecuadas en una mesa, al competir con el olor de la comida; asimismo, el embriagador perfume de las azucenas o las gardenias en una habitación pequeña puede resultar sofocante. Los regalos para los amigos enfermos o en el hospital pueden incluir especies aromáticas; la lavanda es tranquilizadora, al igual que el follaje de los geranios perfumados, aunque debe evitar cualquier planta con olor más intenso. El follaje es una buena manera de añadir aroma a un arreglo; piense en el aromático romero, el limpio aroma del eucalipto o los pinos perennes.

Izquierda, de superior a inferior **Las azucenas «Casablanca», intensamente perfumadas, tienen un fuerte aroma exótico que puede inundar rápidamente un espacio pequeño; las flores de** *Stephanotis* **tienen un aroma dulce, al igual que el lirio de los valles que florece en primavera; la clásica** *Freesia* **ofrece una manera simple y discreta de añadir aroma a un arreglo, y está disponible todo el año.**
Página siguiente **Una imagen intensa y seductora, como los pétalos de rosa aplastados bajo los pies, que despiden su embriagador aroma.**

materiales y técnicas

materiales

La elección de los componentes de un arreglo –sea un simple ramillete o el ramo de una novia– tiene que seguir unas pautas. El punto inicial puede ser el color de las flores, la sensación que desea crear, incluso la arquitectura de la habitación en la que se expondrán las flores. La idea más simple puede ser un punto de partida útil. Cuando elijo las flores para alguna ocasión especial con un cliente, a menudo obtengo pistas sobre lo que debo usar a partir del solo hecho de conocerle y algún rasgo destacado de su personalidad.

Por supuesto, puede haber algún motivo específico para la confección del arreglo –un cumpleaños importante o un aniversario de boda, por ejemplo. Además de seleccionar las flores y el follaje, tendrá que elegir tela, papel, cintas o tul, además de cuentas y alambre para completar el arreglo. Las tiendas especializadas en accesorios y los departamentos de mercería de los grandes centros comerciales son una buena fuente de cintas, cordones, encajes y otros accesorios, pero no se limite a éstos. ¡Experimente!

plantas para macetas

La tendencia universal en los años setenta era llenar
la casa con plantas en macetas: las cintas caían en
cascadas desde las estanterías, mientras que *Pothos*
brotaba de soportes cubiertos de musgo seco y
trepaba alrededor de la habitación. Esta pasión por
el follaje se extendió a las oficinas, donde se exponían
enormes y poco atractivas plantas de brillantes hojas,
colocadas en enormes recipientes blancos en los que
rápidamente se acumulaban colillas y vasos de plástico
vacíos. En aquella época mi trabajo consistía en
limpiar los recipientes y abrillantar las hojas.

Por suerte, conforme su precio fue bajando
y se volvieron más asequibles, las flores de corte
sustituyeron a las plantas. Pero todas las modas
vuelven, y ahora las plantas en macetas vuelven
a estar en el candelero. Las orquídeas han
desempeñado un papel importante en el resurgir de
las plantas de interior en los temas relacionados con
el estilo. Como cualquier nueva moda, comenzaron
siendo artículos exclusivos, pero gradualmente
dejaron de serlo: ahora puede comprar una orquídea
y llevarla a casa junto con la compra semanal.

Todo comenzó con una orquídea blanca
(*Phalaenopsis*), que tiene un aspecto caro y exótico.
En la actualidad se han obtenido variedades
coloreadas que pueden combinarse con recipientes
y gravas en colores similares o contrastantes. Para
arreglar una planta de forma que armonice con un
interior, intente colocarla dentro de una maceta en
lugar de replantarla. Las plantas que florecen necesitan
que sus raíces estén restringidas, de forma que toda su
energía se canalice hacia las flores. Si da a las raíces
más espacio, puede reducirse la floración. El dejar
a la planta en su recipiente original también facilita
el riego, ya que puede sacar el tiesto y regarlo sin
dañar la maceta.

**Una rama con bayas hace las veces de caña de sujeción
de bambú, y se han utilizado cintas de rafia en lugar de
alambres para añadir interés adicional a una orquídea
(*Phalaenopsis*) de color púrpura. Una maceta de color
turquesa contiene una orquídea amarilla (*Dendrobium*);
el toque final es una capa de grava de color magenta.**

Hoy en día la gente quiere algo más que una planta en una maceta. Una planta tiene que justificar por sí misma su inclusión en un proyecto de interiorismo; debe ser un accesorio elegante que realce una habitación. Las plantas en macetas ya no se conciben sólo como seres vivos. Últimamente se han convertido en accesorios de diseño integral desechables.

Página anterior **Ésta es la forma de hacer que las plantas de interior vuelvan a parecer modernas, incluidas las anticuadas y serias plumas de Santa Teresa. En este grupo, las flores blancas y el follaje jaspeado en blanco están relacionados con las macetas de vidrio y cerámica blancas. Las plantas son (de izquierda a derecha) unas plumas de Santa Teresa blancas, dos suculentas, un ejemplar de** *Aloe vera*, **una gramínea (***Scirpus***) y** *Soleirolia soleirolii*. Izquierda **Para crear un arreglo contemporáneo con bulbosas tradicionales de primavera destinado a un entorno ultramoderno, coloqué macetas individuales en un enorme recipiente de vidrio relleno con musgo para ocultarlas. Una banda decorativa de ramitas retorcidas de alerce rompe las duras líneas del tanque.**

recipientes

Hubo una época en la que los jarrones se guardaban en un aparador y únicamente se sacaban cuando eran necesarios. Ahora son parte de nuestra decoración diaria, incluso cuando están vacíos. Tengo una debilidad especial por los recipientes. Me encanta agruparlos para exponerlos, y cuando no los lleno con flores los dispongo por textura o color, como haría con las flores.

Las tendencias de la moda para los recipientes y los jarrones también son cambiantes. Hace tiempo absolutamente todos los arreglos de los floristas se presentaban en algún tipo de cesta; las tendencias actuales proponen filas de jarrones idénticos o arreglos en recipientes de alturas escalonadas. Todas las tiendas de artículos de decoración o grandes almacenes tienen repisas llenas de jarrones para elegir, aunque no tienen que ser exclusivos. Una simple botella de leche o un frasco de mermelada puede ser tan adecuado como una carísima pieza de diseño, y quizá potencie más nuestra imaginación.

Puede utilizar los recipientes para perfilar la orientación de un arreglo y para cambiar completamente la imagen de una flor. Una simple rama de *Delphinium* en un moderno y alto florero de cristal está muy lejos de la imagen tradicional de esta flor, mientras que una exótica gloriosa se vuelve terrenal al colocarla en una llamativa lata de estaño.

Derecha **Los jarrones de cerámica en el mismo tono aunque en una variedad de formas redondeadas y cuadradas constituyen una agradable exposición con o sin flores.** Página siguiente **Un bulbo de *Hippeastrum* en un recipiente de cerámica en forma de embudo causa un fuerte impacto. Conforme el ejemplar crezca, el recipiente supondrá un importante contrapeso para la flor lanceolada.**

Cuatro grupos de recipientes eclécticos muestran cómo funciona la exposición por color y textura. Decida primero el color y después no deje de buscar piezas dondequiera que vaya: tiendas de saldos y exposiciones, por ejemplo. Incluya todas las formas y tamaños imaginables, al igual que todos los materiales, desde cerámica hasta acero, vidrio o piedra.

diferente recipiente, diferente efecto

El error más frecuente al preparar arreglos florales es la elección de un recipiente inadecuado. Aquí he utilizado unos tulipanes para demostrar la influencia que la forma de un recipiente puede ejercer en el aspecto y la impresión que causan las flores.

El vaso de boca ancha en la esquina superior izquierda tiene lados lisos que sujetan las flores de forma casi vertical, por lo que la posibilidad de error es reducida. Para exagerar la sensación de verticalidad, he añadido unas ramas ligeramente más altas de sauce cabruno, que dirigen la vista hacia arriba.

Como contraste, el jarrón de forma acampanada (inferior) es uno de los más difíciles de utilizar correctamente. Con una boca tan ancha necesita muchas más flores de las que podría parecerle inicialmente, a menos que esté dispuesto a dejar un gran hueco en el centro. Cada uno de estos dos jarrones contiene un número similar de flores, aunque el arreglo de la boca acampanada parece más abierto, informal y relajado, y da la sensación de haber muchas más flores en el jarrón de lados rectos. Para obtener el mejor efecto al colocar las flores en un jarrón de boca acampanada, trabaje primero el borde, y después coloque más tallos en el centro hasta rellenarlo.

El arreglo corto del jarrón cuadrado es una forma ideal de alargar la vida de los tulipanes, ya que continúan creciendo después de haberse cortado, y al hacerlo, sus tallos se debilitan, dándoles ese aspecto lánguido. Al cortarlos a la medida del jarrón, una vez han llegado a esa etapa, se elimina la languidez y se obtiene un efecto totalmente novedoso. Cuanto más estrecho y alto sea el jarrón, menos flores serán necesarias. Este esbelto jarrón únicamente contiene cuatro tulipanes: cada uno de ellos está atado a una rama de sauce cabruno con un poco de rafia para mantenerlo erguido y evitar un efecto desagradable cuando las flores envejezcan.

En sentido de las agujas del reloj, desde superior izquierda **Los lados rectos del jarrón mantienen erguidos a los tulipanes. El recortar los tulipanes en un tanque bajo y cuadrado evita que se curven. Las ramas de sauce cabruno y rafia mantienen rectos a los tulipanes en un jarrón estrecho. Una boca acampanada crea un efecto tranquilizador y relajante.**

comenzar por el recipiente

En ocasiones se encontrará con un jarrón o un recipiente tan asombroso que no importará qué flores o follaje coloque en él, puesto que siempre parecerán secundarios en relación con él. Si utiliza una pieza especial, las flores tienen que coordinar con ella: no deben ocultar ningún aspecto ni destacar sólo sus cualidades.

Adoro los impactantes recipientes de cerámica con perforaciones que se muestran en estas páginas. Los huecos de los jarrones piden ser utilizados en lugar de ignorados, y estas enormes hojas jaspeadas son una elección perfecta. Incluso sus tallos están hermosamente salpicados de blanco, como haciéndose eco del color del jarrón. Una alternativa con el éxito garantizado y que lograría un acabado similar sería una cala, ya que su tallo también sería lo suficientemente flexible para doblarlo y pasarlo a través del jarrón sin romperse.

En este arreglo el color y el contraste de la hoja con el recipiente están bien combinados, pero podría ser el color del jarrón, su forma o su extraordinaria altura la que le impulsaran a buscar el complemento perfecto.

Si quiere emplear un objeto apreciado para exponer flores o follaje, resístase a la tentación de llenarlo con agua. Es fácil que el agua manche, deje depósitos de sal o deteriore los esmaltes. En su lugar, inserte los tallos en frascos de florista (cápsulas) para mantenerlos frescos, y renueve el agua cada día; o bien, coloque un recipiente de plástico más pequeño dentro de la pieza, de forma que quede oculto.

accesorios

Con los accesorios correctos puede resaltar el carácter de una flor, o darle otro completamente nuevo. Una cinta o un adorno adecuado son tan importantes como las flores mismas y pueden dar el toque de perfección –o estropear– su arreglo. Utilice los accesorios con las flores de la misma forma que lo haría con su persona: de acuerdo a la ropa que lleva.

De la misma forma que un chal puede suavizar la línea de un vestido demasiado duro, una diáfana cinta de gasa puede enfatizar el romanticismo de un arreglo floral. Cintas, cordeles y galones pueden usarse bien para atar flores o bien para bordear un recipiente o una cesta, dándoles más carácter. Pero asegúrese de que los materiales combinan con sus flores: por ejemplo, yo no pondría un manojo de cintas de gasa alrededor de un robusto ejemplar de *Banksia* –un grueso cordel sería mucho más adecuado. También hay muchas cintas rústicas, como la de arpillera tejida que vemos a la derecha, o el yute trenzado. Si busca hacer lazos y volantes voluptuosos, busque cintas con bordes alambrados, ya que le ayudarán a lograr este efecto con más facilidad.

Los guijarros permiten dar un acabado a los arreglos plantados puesto que tapan la tierra, y pueden ser tan versátiles como los galones o las cintas. Un puñado de grava sobre la superficie de una maceta añade un encanto rural instantáneo, mientras que unos guijarros pulidos en un jarrón de cristal transparente con una o dos flores sugieren una tendencia oriental contemporánea. Otros accesorios similares a los guijarros incluyen las gravas coloreadas, que generalmente se venden para su uso en peceras, o bolsas de conchas diminutas. Intente que coincida el color de la grava con el tono de las flores.

El bramante puede ser un accesorio oculto, y se usa básicamente para atar tallos en un ramo. Me gusta el cordel rugoso por su textura. A veces lo dejo visible por su simplicidad rústica, pero también me gusta usar lana de tejer de color rosa o verde –siempre y cuando el tono contraste con las flores. Se trata de conseguir que sus arreglos destaquen de los de la mayoría de la gente y tengan un aspecto que les diferencie un poco.

Finalmente, al envolver las flores piense en la impresión que quiere dar. La inspiración puede venir de las fuentes más insospechadas: la pasta envuelta en papel encerado de la tienda italiana, una cajita de clavos de una antigua ferretería atada con cordel, etc. Realmente no hay barreras sobre lo que puede o no utilizarse. Aunque, a mi pesar, el papel de embalar haya perdido su encanto por haberse usado en exceso, existe una alternativa interesante aunque modesta que es el papel kraft, un papel grueso en colores terrosos, que se puede adquirir en tiendas de material para bellas artes. Utilícelo para restar importancia a un ramo, presentándolo como un simple gesto, reducido a sus ingredientes básicos. Sin embargo, para las ocasiones en las que quiera parecer extravagante, nada puede igualar a un envoltorio de las flores con múltiples capas de papel de seda.

El comprar un termómetro de azúcar, una báscula

digital o un juego de sartenes con fondo de cobre no le convertirán en

un mejor cocinero –simplemente estará mejor equipado–, y lo mismo se aplica

a los arreglos florales. Hay unas cuantas herramientas sin las que sería

difícil trabajar pero, en cualquier caso, la improvisación es fácil y depende

de usted.

La única herramienta realmente imprescindible es un buen par de tijeras de florista. Vale la pena invertir en ellas; si no las tiene, terminará por dejar sin filo todas las tijeras que tenga en casa. La espuma de florista también le facilitará las cosas. Es vital para los arreglos que deben durar un tiempo más largo, y para las guirnaldas de musgo y flores, ya que se marchitarían y morirían sin una fuente de humedad. Hay varias marcas, pero Oasis es la más conocida. Se presenta en bloques de todas las formas y tamaños y en dos tipos diferentes, para arreglos húmedos o secos. La versión que vemos aquí es la que se destina a trabajos secos; no absorbe agua, es rígida y frágil.

La espuma de florista para flores frescas debe remojarse en agua antes de su uso. Yo siempre la dejo flotar en un cubo de agua durane unos cuantos minutos antes de cortarla y darle forma. No hace falta forzarla bajo la superficie. De hecho, si lo hace, terminará creando una burbuja de aire, de forma que cuando corte la espuma con la forma deseada, el centro aún estará completamente seco. Puede reutilizar la espuma, pero su vida es limitada. Para los arreglos que no tienen un recipiente, existe una espuma de florista especial para diseño, que consiste en una capa de espuma con un refuerzo impermeable que proteje las superficies (*véase* también página 85).

Antes de que se utilizara la espuma de florista, los arreglos requerían una alambrada de gallinero para sujetar las flores en su lugar. Algunos tradicionalistas aún lo prefieren, pero considero que restringe mi trabajo. El alambre mantiene todas las flores verticales, pero con la espuma tiene la posibilidad de elegir; puede dejar que se arrastren empujándolas a través de la espuma desde abajo. El alambre de gallinero es relativamente fácil de cortar con tijeras, y no se necesitan herramientas adicionales para ello.

Si piensa hacer arreglos de boda, diademas o guirnaldas, necesitará alambre de florista. Éste está disponible en una variedad de grosores o galgas, y se vende en largos ya cortados o en carretes. Espere a ver lo que necesita para un proyecto específico antes de comprar una selección para tener como reserva. También le recomendaría ser precavido y comprar los alambres de la galga (calibre) más fina. No hay nada peor que una creación rígida y artificial. Los alambres deberían utilizarse como un ligero soporte y para dar flexibilidad a una flor que carecerá de agua durante todo el día.

Entre las otras herramientas importantes se incluyen objetos que es muy probable que ya tenga en casa, como el cordel o cuencos de plástico de varios tamaños para colocar dentro de los que exponga.

Una vez que haya aprendido las técnicas básicas, podrá modificarlas o adaptarlas y añadir su propio estilo. Pero antes de hacerlo, es importante conocer la técnica y el motivo por el que debe hacerse esto en primer lugar. Hay muchísimas técnicas que aprender, en función del tipo de arreglos que quiera crear, pero los principios básicos que les voy a mostrar incluyen métodos para asegurarse de que las flores estén en óptimas condiciones; cómo cortarlas; cómo conservar las flores y el follaje, y, por último, probablemente lo más difícil, el alambrado. Al ensayar una técnica por primera vez —en especial el alambrado— practique primero con flores y follaje de jardín antes de utilizar los ingredientes más caros.

Cuando haya asimilado los objetivos de estas técnicas y llegue a dominar los métodos, contará con unos buenos fundamentos que le darán la suficiente confianza para experimentar y reinventar, de tal manera que cuando cambien las modas y tendencias del arreglo floral —cosa que sucede con rapidez— también será capaz de adaptarse y cambiar.

corte

Izquierda **Los tulipanes para un ramo atado requieren que todos los tallos se corten horizontalmente para que se mantengan erguidos en el jarrón. Algunas flores, como los narcisos, se resienten al ser cortados –sus tallos «sangran» una savia pegajosa–. Para evitarlo, estas flores se arrancan del bulbo al cosecharlas. Si debe cortarlas, hay una sustancia específica que le ayudará a minimizar el «sangrado».** Página siguiente **El tallo de un lirio de los valles cortado en ángulo para aumentar la absorción de agua y prolongar la vida de la flor.**

Tan pronto como las flores carecen de agua, sus tallos comienzan a secarse. Por lo tanto, lo más importante al llegar a su casa es ponerlas en agua. Pero no sirve de nada hacerlo a menos que vuelva a cortar sus tallos antes. Para ello, utilice sus tijeras de florista. Una vez que las fibras del tallo han comenzado a secarse, será mucho más difícil que puedan absorber agua. Sin embargo, si corta por lo menos unos 2 cm de cada tallo, dejará expuestas las fibras frescas que absorberán el agua con más facilidad. Si realiza el corte angulado, aumentará la superficie expuesta al agua, lo que favorecerá la absorción. El tomarse la molestia de recortar los tallos tiene sus recompensas: sus flores durarán más tiempo y los brotes tendrán más probabilidades de abrirse.

Al mismo tiempo que recorto los tallos, elimino las hojas inferiores de cada uno; cualquier parte de la planta que permanezca bajo el agua comenzará a degradarse rápidamente; al mismo tiempo, el agua se volverá fangosa y producirá mal olor. Los alhelíes tienen esta característica. Cuando el agua se vuelve oscura, las bacterias se desarrollan rápidamente llegando incluso a matar las flores.

Si uso espuma de florista, corto los tallos con un ángulo aun más exagerado, hasta que son casi tan puntiagudos como una aguja. Deben introducirse en la espuma al menos 5 cm para que puedan absorber el agua. En un arreglo grande, con flores altas, introduzca los tallos a una profundidad aún mayor para anclarlas.

Después de haber pasado años bajo la lluvia en el patio trasero de mi casa, golpeando los tallos leñosos con un mazo con la intención de aumentar su capacidad de absorción de agua, he aprendido que esta costumbre perjudica más que favorece. En lugar de abrir el tallo para aumentar la absorción de agua, lo que consigue es romper las células de manera que no pueden absorber nada. Siga la misma regla que he dado para las flores de tallos blandos, y corte los tallos leñosos en ángulo. Si los tallos son excepcionalmente duros, haga también un corte vertical a lo largo del tallo.

cuidado de las flores

A continuación encontrará algunos consejos para obtener el máximo rendimiento de las flores cortadas, ya sea que las haya comprado usted mismo o se las hayan regalado. Algunos únicamente le llevarán unos minutos, otros un poco más, pero vale la pena aplicarlos todos.

¿cómo mantener las flores erguidas?

¿Ha comprado alguna vez un ramo de flores y ha descubierto al desenvolverlas que las cabezas colgaban? He aquí una técnica comprobada para revivirlas. En el mercado, las flores pueden haber estado fuera del agua durante períodos de hasta 24 horas después de haberse cortado, por lo que necesitan ser reacondicionadas. Las rosas son las más delicadas, ya que sufren si se mantienen fuera del agua. Siga este procedimiento de emergencia para revivirlas.

Desenvuelva las flores y elimine las hojas inferiores. Éste también es el momento indicado para quitar las espinas con una navaja ordinaria, y así también facilitará la manipulación cuando rehaga el arreglo. Después recorte los tallos como se describe en la página 62. Ahora envuelva las flores en papel –varias hojas de papel de periódico resultan ideales. Es vital utilizar papel y no plástico, ya que el papel es lo suficientemente fuerte para sujetar las flores y no las hace «sudar». Coloque las flores envueltas, de pie, en un cubo con una profundidad razonable de agua. Si tiene prisa, los tallos deberían haberse recargado de agua y estar lo suficientemente fuertes en una hora, pero para mayor seguridad, recomiendo dejarlos así toda la noche. En las raras ocasiones en las que este método no funciona, devuelva las flores a su florista; querrá saber lo que ha ocurrido para remediarlo.

¿cómo revivir unos tallos mustios?

Las flores como *Gerbera* pueden necesitar que se las reviva después de haber estado fuera del agua, pero la técnica no es tan simple. Si las envuelve en papel de periódico y las coloca de pie en agua,

se volverán rígidas, pero no rectas, y los tallos adquirirán formas extrañas y retorcidas. En la tienda las sacamos de la caja, pero dejamos intacto el embalaje que rodea las cabezas florales. Entonces suspendemos las flores por el embalaje de manera que los tallos se sumergen en un cubo de agua pero no soportan el peso de las flores. El resultado: ejemplares con fuertes tallos rectos.

Otra técnica para acondicionar flores que han estado fuera del agua unas 24 horas o más consiste en sumergirlas en agua. Esto resulta especialmente útil para las flores pequeñas (*véanse* las violetas de la página 14) y para especies como el eléboro, que podría cortar en su propio jardín, las cuales tienen tendencia a caer.

mantener el agua limpia

Para hacer que las flores duren todo lo que sea posible, necesita cambiarles el agua diariamente. Esto parece pesado pero no lo es; no es necesario rehacer el arreglo cada vez. Todo lo que hago es colocar el jarrón en el fregadero bajo el grifo del agua fría y dejo que el agua corriente haga el trabajo. Después saco el jarrón y lo seco. Comience siempre con un jarrón limpio; los jarrones sucios albergan bacterias que inician la descomposición de las flores. Limpie el jarrón con lejía si es necesario y aclárelo a conciencia después. En mis tiempos de estudiante fui reprendida por no limpiar un jarrón con un símil muy significativo: era el equivalente a beber zumo de naranja del mismo vaso cada día durante un mes sin lavarlo.

Muchas flores se venden con un sobre de abono, que contiene ingredientes que reducen el contenido de bacterias en el agua, además de azúcares para alimentar las flores y estimular el desarrollo de los brotes. No es un engaño: le recomiendo que los utilice. He realizado pruebas para comparar este abono con el agua corriente y los aditivos tradicionales, como la limonada, y realmente se nota la diferencia.

Las manchas de polen de las azucenas son virtualmente imposibles de eliminar de la ropa y la tela de los muebles, por lo que debe actuar tan pronto las flores se abran. Elimine los estambres mientras aún estén rígidos y suaves, y antes de que produzcan el polen. Arránquelos con los dedos y no los corte: no me gusta el aspecto que ofrece el corte de una tijera. Si el polen de las azucenas mancha su ropa, no lo restriegue o cepille. Utilice una tira de cinta adhesiva para levantarlo.

conservación

De todos los métodos comerciales para la
conservación de las flores y el follaje, la liofilización
(deshidratación por congelación) es la última
tendencia. Al congelar toda la humedad y eliminarla
después, es posible secar incluso las frutas carnosas
como las fresas y todo tipo de vegetales que se
utilizan en un arreglo. Deben barnizarse después,
ya que tienen tendencia a reabsorber la humedad
de la atmósfera y comenzar a pudrirse.

Pero en casa, los métodos tradicionales son los
mejores. Las flores deben colgarse al revés para secar,
para producir tallos rectos y evitar que las cabezas se
doblen. También deben colgarse en una habitación
cálida para que se sequen rápidamente; mientras
más largo sea el proceso, es más probable que se
estropeen. Evite colgarlas en una habitación soleada,
ya que la luz del sol las apergaminaría antes de que
tuvieran la oportunidad de secarse; por otra parte,
hacerlo en un invernadero sería un desastre.

Para obtener los mejores resultados, elija las flores
con cuidado. Las especies con tallos leñosos son
mejores. Las flores con tallos carnosos son mucho más
difíciles de tratar porque contienen más agua. Nunca
intentaría secar jacintos por esa razón. Aunque sea
posible hacerlo, no creo que el resultado final se
parezca mucho a un jacinto ni a cualquier otra
cosa que le gustara exponer en su casa.

Las hojas secas constituyen arreglos muy
evocadores en el otoño. Colocadas en un cuenco con
textura, son una alternativa barata e interesante a las
flores. Atadas con una cinta, son tan románticas como
un manojo de cartas de amor descoloridas
descubiertas en un ático.

Algunas especies se secarán por sí solas sin
cuidados. Las hojas de eucalipto y de haya,
las hortensias y las proteas se secan con hermosos
resultados y sin ayuda. El follaje puede conservarse
si se coloca en una mezcla de glicerina y agua.
Aunque compro tallos conservados de esta manera,
nunca he intentado hacerlo yo misma. La glicerina se
vende en las farmacias y una antigua receta
recomienda mezclar una parte de glicerina con dos
partes de agua.

El otoño es la época del
año en la que nos planteamos conservar
las flores y el follaje, en un intento por
mantener ese último estallido de color
antes de que desaparezca totalmente.

alambrado

El alambrado se inventó para alargar la vida de las flores utilizadas fuera del agua, y para mantenerlas sin que se marchiten o se doblen. Es una técnica muy valiosa para hacer diademas y ramos de novia. Siempre digo que aunque las flores estén alambradas, no debe parecer que lo están.

El alambrado debe ser lo más natural posible así como discreto. Debe ser lo suficientemente fuerte para sujetar las flores, pero también suave para permitir un cierto grado de movimiento. No puedo pensar en nada peor que un ramo de novia largo que esté alambrado rígidamente y parezca llevarse como un escudo de alambres y flores. El alambrado tiene una finalidad definida, pero debe ser sutil y no dominar sobre el arreglo.

Elija un alambre que se adapte al peso de los materiales. Una hoja pequeña necesita un alambre fino en el reverso para darle soporte, mientras que una rosa o lirio necesitará un alambre más grueso. Los artículos voluminosos como las manzanas o las piñas necesitan la galga más gruesa para sujetarlos a una guirnalda. Las flores que se alambran para un ramo o diadema deben recubrirse de cinta con objeto de ocultar cualquiera de los extremos puntiagudos; en el caso de las guirnaldas, esto no es necesario.

El alambrado es una técnica difícil de dominar, por lo que es mejor adquirir velocidad y confianza practicando con un ingrediente barato como las hojas de hiedra antes de preparar un ramo o diadema. Si pasa el alambre una y otra vez entre hoja y hoja hasta que considere dominada la técnica, será un tiempo bien empleado.

hojas

Para engarzar una hoja, colóquela con el haz hacia abajo y pinche con suavidad en el tercio superior de la hoja a través de la nervadura. Atraviese la hoja con el alambre hasta que una «pata» sea unos dos tercios más larga que la otra. Sujete un extremo del alambre y doble el otro hacia el pedúnculo. Doble el extremo más largo del alambre alrededor del otro y el pedúnculo (1). En el haz de la hoja únicamente se ve una pequeña incisión (2). El alambre consigue que la hoja sea flexible (3).

flores

La rama del lirio de los valles (inferior) ha sido engarzada con el alambre más ligero y fino, de una galga tan delgada como un cabello. El alambre ha sido entrelazado entre las flores de forma que las sujeta suavemente y evita que el tallo se doble. Esto permite al mismo tiempo dar forma al tallo. Cada uno de los extremos del alambre se ha enrollado alrededor del tallo para evitar las puntas expuestas. Llegado a este punto puede añadir un alambre de sujeción más largo en la base del tallo, si es necesario, para conferirle una mayor longitud para trabajar.

La azucena que se muestra en la página siguiente con la corola invertida (1) necesita dos alambres: uno de soporte y uno fino. El alambre de soporte se introduce en el tallo, mientras que el fino se inserta a través de la base de la flor para mantener los pétalos en su sitio. El alambre fino se enrolla sobre el de soporte, y ambos se cubren con cinta de florista.

Freesia (2) es una especie clásica para un ramo de novia. Aquí se ha disimulado un alambre a través de los brotes florales para evitar que se doblen, mientras que una porción de alambre distinta se utiliza para atravesar la base de la flor principal y sujetar todos los pétalos. Los extremos del alambre se vuelven hacia el tallo: si la flor es para un ramo, puede añadir ahora un alambre como soporte; si es para una diadema, únicamente deberá cubrir los alambres con cinta de florista.

Se ha utilizado un alambre fino para atravesar la base de una flor de *Stephanotis* (4). Un extremo se dobla sobre el otro y a su vez alrededor del tallo de la flor para actuar a modo de soporte.

otros elementos

Cuando engarce piñas de abeto (3), use un alambre acorde con el peso de la piña. Aquí se ha utilizado un fuerte alambre de acero, que se ha envuelto alrededor de la parte inferior de la piña; a continuación, los dos extremos se han doblado hacia abajo entrelazándose un par de veces antes de separarlos nuevamente. Para sujetar la piña a una guirnalda, introduzca cada alambre en el musgo hasta el otro lado, dóblelo sobre sí mismo y vuélvalo a pasar a través del musgo.

Al atar un manojo de decorativas ramas de cornejo (5), disimule la lazada de alambre que las mantiene unidas utilizando rafia o una cinta antes de sujetar el manojo a la guirnalda. Sujételo de la misma forma que la piña.

Una manzana (6) es uno de los componentes más pesados que puede utilizar en una guirnalda. Utilice dos alambres fuertes y atraviese con ellos la parte inferior de la manzana, cada uno en ángulo recto respecto al otro. Una los extremos y entrelácelos entre sí antes de volverlos a separar para repartir el peso una vez esté sujeta a la guirnalda.

diseñar con flores

celebraciones

Existe la tendencia a relacionar algunos colores en particular con ciertas celebraciones: flores rojas para un aniversario de boda, blancas para una boda o bautizo, de color naranja calabaza para Halloween, y así sucesivamente. Al utilizar como máximo un único color, puede crear un entorno coordinado al que puede añadir elementos para reforzar el tema.

Si la ocasión es importante, todo –las flores, la comida, la decoración– debe parecer especial. Para asegurarme de que no olvido nada, suelo preparar una lista. Por ejemplo, cuando planificaba qué flores utilizar para una fiesta de año nuevo chino, me decidí por un tema y anoté todas las formas con las que podría reforzarlo. En lugar de optar por el clásico rojo y blanco, comencé por las cabezuelas naranjas y textura de papel de los farolillos. Los combiné con auténticos farolillos de papel naranja, además de pedir servilletas anaranjadas y palillos atados con un fino cordel naranja, y utilizar unas naranjas para escribir los nombres de los comensales e indicarles cuál era el lugar que debían ocupar.

gran pompón festivo

Ésta es una forma realmente versátil de decoración. Un pompón puede ser un toque divertido para colgar sobre una mesa en una fiesta, en una puerta o incluso en un árbol de Navidad. Aquí he confeccionado dos pompones con crisantemos verdes y claveles púrpuras, creando un fuerte contraste. La pura densidad del color ya las hace atractivas, pero se puede incluir algo de follaje para darles un aspecto más rústico. Ponga especial atención en la elección de la cuerda o la cinta de la que colgará el pompón; incluso puede añadir una borla.

1 Tome una esfera de espuma de florista o córtela a partir de un bloque. Déjela remojar en agua durante una hora y escúrrala al menos durante dos horas para que el pompón terminado no gotee.

2 Corte un trozo de alambre (el de galga 71 es ideal) lo suficientemente largo como para atravesar la esfera por el centro y rodearla. Una el alambre a la cuerda o cinta entrelazándolas entre sí varias veces. Introduzca el alambre a través del centro de la esfera, de manera que la unión entre el alambre y el cordel quede escondida en la esfera. Después dé forma al alambre y empuje el extremo hacia el interior de la parte superior de la bola para sujetarlo. Si el pompón es especialmente grande, puede ser buena idea cubrir la espuma en este momento con alambre de gallinero para evitar que se deshaga más adelante.

3 Corte las cabezas florales del tallo, asegurándose de dejar a cada una un tallo corto, de unos 5 cm de largo. Coloque la primera fila de flores alrededor del ecuador de la esfera, introduciendo los tallos con firmeza en la bola de espuma.

4 Añada una segunda fila de flores en ángulo recto respecto a la primera antes de rellenar los segmentos individuales. De esta manera la esfera de flores mantendrá una forma perfecta. Debido a que las flores se introducen en espuma de florista humedecida, puede prepararlas con la antelación suficiente.

materiales

esfera de espuma de florista de 13 cm de diámetro o un bloque de espuma a partir del cual puede cortarla

alambre de grosor medio (galga 71)

cordel decorativo o cinta (la longitud depende de la forma en que quiera exponer el pompón)

20-25 tallos de crisantemos o 40 claveles

flores alternativas

especies que se abren totalmente como las rosas, las margaritas o los ranúnculos

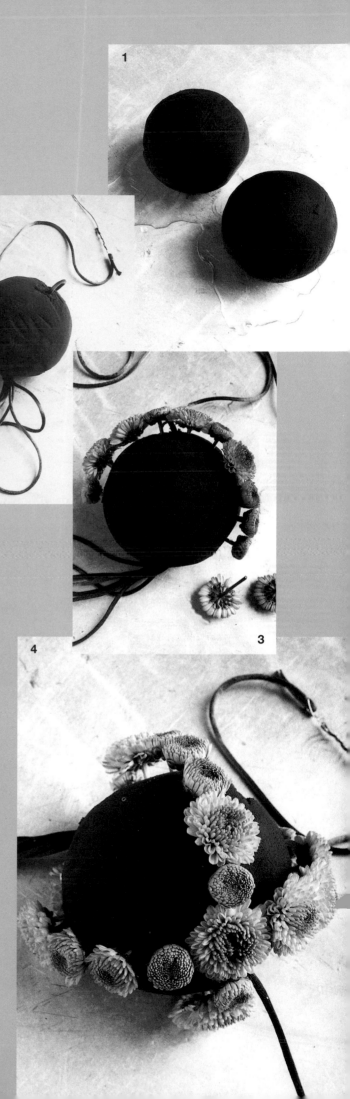

fiesta marroquí

Los pétalos de rosa

ensartados en guirnaldas como borlas antiguas son un espectacular elemento decorativo para una velada ambientada en el norte de África. Se preparan rápida y fácilmente: no se requieren técnicas ni equipos especiales.

A menudo cocino inspirada en un tema, y sea lo que sea, experimento con flores para decorar la estancia, y acabo por encontrar algo que se relaciona con la comida y que no le es totalmente ajeno. Una imagen que tengo grabada en mi mente de mis viajes a Marruecos es la de los pétalos de rosa. Me he alojado en lugares donde los pétalos de rosa se esparcen sobre las almohadas por la noche y, para mí, su color y fragancia están inexorablemente ligados al país. Así, para una fiesta marroquí decidí confeccionar guirnaldas de pétalos de rosa en colores rojo y rosado, para entremezclarse con las terrosas paredes de terracota y los cojines de vivos colores.

El empleo de pétalos de rosa no es tan extravagante como parece. Para este tipo de celebraciones basta con que duren una noche, por lo que no necesita rosas de primera calidad. De hecho, las flores que están a punto de deshojarse serán suficiente; todo lo que necesita son los pétalos. Gire las cabezas florales para soltar los pétalos y ensártelos en trozos de longitud variable de alambre rojo. Atraviese los pétalos con el alambre justo por el centro, y de vez en cuando haga un nudo o retuerza el alambre, o bien ensarte una cuenta para dar irregularidad al diseño y hacerlo más interesante. Haga un nudo al final para evitar que los pétalos se caigan.

Un centro tradicional de forma ovalada resultaría totalmente incompatible con esta mesa que presenta reminiscencias norteafricanas. En lugar de intentar adaptar un inadecuado estilo occidental, utilice la intuición. Aquí he empleado cuencos y vasos de típica influencia marroquí para crear un arreglo floral.

Izquierda **Los *kebabs* de pétalos de rosa se confeccionan ensartando pétalos rosas y rojos en alambre y asegurando los extremos con una cuenta dorada.**
Superior **Pétalos de rosa esparcidos sobre la mesa y una bandeja siempre del mismo color.**
Página siguiente **Los vasos de té en colores dorados y los pequeños cuencos, tradicionalmente empleados para servir las picantes salsas de *harissa*, contienen orquídeas (*Dendrobium*) de color fucsia rosado y otras orquídeas (*Cymbidium*) de color rosa pálido.**

tótem

El clásico arreglo en pedestal –el típico de las cenas formales y las bodas– requiere una actualización. En cuanto veo uno, me recuerda a los hoteles o las iglesias. Al fin creo que he encontrado una alternativa moderna, un tótem de flores, que puede emplearse en cualquier tipo de celebración.

Tendrá que encontrar una base adecuada. Yo he utilizado un trozo de madera toscamente tallado como sobria alternativa al típico pedestal de hierro forjado o su versión en panel de madera.

1 **Dé a la espuma de florista la forma deseada. Aquí he cortado un cilindro alto. Para humedecer la espuma con agua, la coloqué en la bañera unas cuantas horas. Tenga cuidado: un bloque humedecido de este tamaño es muy pesado por lo que, como alternativa, puede construir el bloque a partir de otros más pequeños. Coloque la espuma en un cubo grande para absorber el agua. Envuelva la espuma en alambre de gallinero para obtener un soporte adicional. Si ha utilizado bloques pequeños de espuma, la alambrada también le ayudará a mantener juntas las piezas individuales.**

2 **Una los bordes del alambre de gallinero y sujételos con alambre de florista. Introduzca un alambre corto a través de un agujero en cada lado, tire de él y retuérzalo un par de veces antes de introducir los extremos en la espuma. Repita esta operación a todo lo largo de la alambrada.**

3 **Corte los tallos a unos 8-10 cm, y comience a insertarlos en la espuma. Puede empezar donde quiera, ya que no hay un punto focal en el diseño, pero intente crear pequeños grupos con las mismas flores antes de dispersarlas al azar para dar un efecto de coherencia.**

Sin follaje, las cabezas florales se funden para dar una masa uniforme de color y textura. Para hacerla incluso más interesante, insertaría palitos de incienso a intervalos entre las flores. Riegue la parte superior del tótem a diario para que mantenga un aspecto fresco al menos durante una semana.

materiales

bloque grande de espuma de florista
plato macetero grande
rollo de alambre de gallinero
alambre de florista de galga gruesa (71 o 90)
rosas blancas
claveles blancos
Gerbera blanca
(el número exacto de flores dependerá del tamaño del tótem, pero necesitará grandes cantidades)
base adecuada para el tótem

flores alternativas
cabezas florales de gran tamaño como los girasoles, peonías, crisantemos grandes o *Poinsettia* en Navidad

corazón de enamorados

La rosa ha sido un símbolo de amor durante siglos, y aún es la flor romántica por excelencia. Agrupadas en forma de corazón, el mensaje que portan a quien las recibe será indiscutible.

Para hacer un arreglo como el que se ilustra aquí, necesitará entre 50 y 60 rosas. Compruebe que las flores estén en óptimas condiciones y que ninguno de los pétalos está dañado, ya que no querrá que una nota negativa empañe sus sentimientos. Para asegurar un efecto duradero, elija rosas que apenas se hayan abierto.

La base del corazón es de espuma de florista. Se compone de una gruesa capa de fibra impermeable, cubierta con una capa de espuma de florista absorbente; la ventaja de la capa impermeable es que el arreglo puede colocarse sobre cualquier superficie, incluso madera barnizada, sin riesgo de dañarla.

Para asegurarme de que la forma del corazón es correcta, practico primero sobre una hoja de papel, y después, cuando la forma me gusta, la uso como plantilla para cortar la espuma.

Antes de clavar las rosas en la espuma, ésta debe humedecerse. Déjela flotar en el agua, con la cara absorbente hacia abajo, en un lavadero lleno de agua, pero no intente forzarla para que se hunda, o al igual que pasa con la espuma ordinaria, creará una burbuja de aire. Corte las rosas a la longitud necesaria, dejándoles un tallo de unos 5 cm. Para crear una cúpula redondeada de flores, deje algunos tallos ligeramente más largos y colóquelos en el centro del arreglo. Conforme trabaje hacia afuera, recorte los tallos de las rosas para reducir la altura de la forma hacia los bordes de la espuma.

Aunque los rosales no tengan flores en invierno, las rosas cortadas están disponibles en todas las regiones del mundo, de cultivadores en países tan diversos como Colombia e Israel, que se preocupan por la gran demanda en el día de San Valentín. Las rosas rojas son tradicionalmente las favoritas para este día, pero yo prefiero los tonos sutiles de los dos matices de rosa que se muestran en el corazón de la página anterior —y que son igualmente románticos.

Otras flores que pueden utilizarse para hacer un corazón de enamorados son las peonías, los crisantemos, los claveles, las camelias y —sin reparar en gastos— las gardenias. Al igual que con las rosas, deje algunos tallos más largos para crear la forma ligeramente redondeada. Como alternativa puede cubrir el corazón con musgo de un intenso color verde, y embellecerlo sólo con tres o cuatro flores.

Este exquisito corazón está cubierto de rosas en diferentes tonos de rosa, cualquiera de ellos tan perfecto e intacto como una rosa de azúcar lustre. No lo haga únicamente para San Valentín; utilícelo como centro de mesa para una mesa nupcial, como regalo de compromiso o regale uno a su madre en su día.

una muestra de amor

¿Puede imaginarse algo más romántico que encontrarse el cuarto de baño salpicado de rosas? Aquí he materializado mis fantasías más extravagantes y he creado una alfombrilla de baño con pétalos de rosa. Es demasiado hermosa para pisarla, aunque debe aplastar este corazón para alcanzar una romántica alfombrilla con rosas.

Necesitará entre 20 y 30 rosas amarillas y 10 rojas para hacer la alfombrilla, y flores adicionales para diseminar en el agua de la bañera. Como éste es un gesto extravagante, no necesita rosas de primera calidad; compre las más baratas que encuentre, ya que no deben parecer perfectas ni durar mucho tiempo.

Antes de descartar la idea de la alfombrilla de pétalos de rosa, considere otras formas para aprovechar la idea en otras ocasiones. Si reducimos el tamaño, el diseño se puede convertir en un hermoso mantel para una cena especial, por ejemplo. Corte una plantilla en papel y colóquela sobre el suelo delante de la bañera para crear la forma

del corazón. Separe los pétalos de las rosas girando las cabezas del tallo. Esparza los pétalos amarillos alrededor de la forma de corazón. Cuando estén en su sitio, levante el papel y rellene el espacio vacío con los pétalos rojos. Llene la bañera y deje flotar algunas rosas en el agua. Quite las espinas antes de hacerlo.

materiales

unos tres ejemplares de
  Stephanotis, para obtener
  unos 100 flósculos
alambre de florista fino
  (galga 36)
alambre de florista para
  soporte (galga 56)
cinta de florista
1,5 m de cinta de raso

flores alternativas
flores y hojas de gardenia,
tuberosas, campanas blancas
de lirio africano (*Agapanthus*)
con hiedra, camelia o
pequeñas hojas de laurel

Este ramo alambrado, de unos 20 cm de diámetro, es elegante por su simplicidad y posee una suave fragancia. Me imagino que lo lleva una novia con un sencillo vestido de satén, quizá estilo años cincuenta, con el cabello liso y un intenso maquillaje.

1 Separe las flores en flósculos. Perfore la base de cada uno, como si hiciera una pequeña puntada, con el alambre fino. Atraviésela con él y, sujetando un alambre de soporte contra el tallo, fije todos los elementos, enrollando un extremo del alambre fino alrededor del otro extremo, del tallo y del alambre de soporte.

2 Envuelva el tallo de cada flor con cinta de florista para mantener el alambre de soporte en su sitio.

3 La forma redondeada del ramo se obtiene al juntar los tallos y atarlos a unos 10 cm por debajo del extremo de los flósculos. Déles forma de abanico y ate los tallos conforme los añade. Haga otro abanico que se entrecruzará con el primero en ángulo recto. Rellene las cuatro secciones creadas con tallos individuales.

4 Ate todos los tallos con cinta de florista.

5 Engarce las hojas haciendo una pequeña puntada con alambre fino a través del tercio superior de cada hoja, por la nervadura central. Coloque un alambre de sujeción contra el tallo y proceda como en el paso 1.

Sitúe los tallos con hojas de forma regular alrededor del exterior del ramo, atando cada uno de ellos en el punto de unión. Recorte los tallos y átelos juntos formando un pomo uniforme. Para cubrir este mango con cinta, deje unos 50 cm de ésta colgando y, comenzando por arriba, enróllela con fuerza alrededor del mango y cúbralo con cuidado. Cuando llegue al final, vuelva a enrollar la cinta hacia arriba de la misma forma. Ate los dos extremos formando un lazo.

otros arreglos nupciales

La moda en los arreglos nupciales cambia tan rápidamente como los estilos de los vestidos de novia. Cuando comencé a diseñar flores nupciales para las páginas de moda de las revistas y periódicos, las faldas voluminosas causaban furor, y el aspecto que ofrecían era ensoñador y romántico. Las flores seguían esa tendencia, con grandes ramos de follaje en cascada y pétalos que eran un reflejo de las amplias faldas. Combinadas con las diademas circulares como tocado, el efecto era casi prerrafaelista.

Ahora cada novia quiere algo diferente e individualizado, y mi trabajo es interpretar el aspecto que desean tener. El vestido ofrece la clave más importante para la elección de las flores; un sencillo vestido de algodón bordado, por ejemplo, sugiere un aspecto campesino, y el ramo debería dar la impresión de que la novia lo hubiese recogido ella misma.

La restricción de que todo lo relacionado con una boda debe ser blanco ya no existe; hoy en día, una novia de invierno se encuentra perfectamente con algo de terciopelo rojo, mientras que una boda en una playa de una isla del Caribe es aun más informal. Diría que el 90 % de los ramos de novia que preparamos actualmente en la tienda son ramos atados; son mucho más informales, y su aspecto es natural y relajado. La enorme ventaja del ramo atado es que puede colocarse en agua durante la recepción nupcial o entre sesiones fotográficas para mantenerlo en óptimas condiciones.

Superior derecha **Un sutil ramo atado en tonos verdes, con eléboro, lirios verdes y negros, y esponjosos pompones de rosas de Güeldres, salpicado con bayas negras de hiedra y follaje plateado de senecio.** Inferior **Un puñado de tablero de damas atado con un lazo.** Página siguiente **Tonos azules en un ramo atado de jacintos, nomeolvides y anémonas, con tonos lilas en las flores de salvia y lavanda.**

Superior **Un ramo atado de rosas blancas y rosas mezcladas con hojas perfumadas de geranio, envuelto en una nube de tul que le da un efecto difuminado y romántico.**

Página anterior **Las rosas también pueden ser impactantes y atrevidas. Las rosas de color rojo sangre «Nicole» y las oscurísimas «Black Magic» están engarzadas y salpicadas con cuentas rojas de vidrio.**

diadema festiva

Cuando abrí mi escuela de arte floral a finales de los años ochenta, confeccionar diademas para novias era lo más difícil, pero enseñábamos a los alumnos cómo entrelazar una delicada tiara. «¿Quién se pondrá ésto?», mascullaban entre dientes mientras se entretenían con las delicadas técnicas de alambrado. La respuesta es: «las chicas de hoy»; una buena razón para mantener las técnicas tradicionales, ya que nunca se sabe cuándo las necesitará.

Esta diadema es una idea más simple y menos artificial que una tiara de novia. Es un accesorio perfecto para una fiesta que se adapta a la tendencia actual del empleo de cuentas, bordados, satén y tul. Y, por supuesto, sería el complemento ideal para la dama de honor de una novia. Una diadema de flores frescas debe confeccionarse el mismo día de la celebración. Manténgala en un lugar frío y húmedo hasta que llegue el momento de lucirla. Haga siempre una como ensayo un día o dos antes del gran día para familiarizarse con la técnica.

1 Los jacintos son ideales para una diadema ya que sus flores céreas duran mucho. Separe los flósculos del tallo con cuidado. Considero que es más fácil si los corto con las uñas, pero si lo prefiere puede utilizar las tijeras.

2 Corte un trozo de alambre de una longitud ligeramente mayor que la parte más ancha de la cabeza, o un poco más del doble si prefiere rodear la cabeza un par de veces. Haga un tope, servirá de cierre, con uno de los extremos del alambre doblándolo en círculo y enrollándolo sobre sí mismo.

3 Ensarte los flósculos de jacinto en el alambre. Empuje el alambre de forma vertical a través de la base de cada flósculo para que se mantenga centrado en el alambre.

Asegúrese de que todos los flósculos se ensartan en la misma dirección para que encajen unos en otros con suavidad.

4 Añada algunas cuentas, de la misma manera que si hiciera un collar. Intente seguir un patrón irregular: aquí he utilizado dos o tres flósculos seguidos por seis o siete cuentas, a veces combinando cuentas diferentes.

5 Por último, cuando el alambre esté lleno de flósculos y cuentas, doble el extremo en un gancho simple para que se ajuste al lazo del otro extremo.

materiales

1 o 2 tallos de flores de
 jacinto
alambre de florista fino
 (galga 36)
surtido de cuentas

flores alternativas
lirios africanos (*Agapanthus*),
Delphinium, alhelíes

decoraciones de mesa

Hasta no hace muchos años veíamos las mesas de los hoteles o restaurantes decoradas con los tradicionales centros redondos, rígidamente colocados en espuma de florista; independientemente del lugar, eran muy parecidos los unos a los otros, parecía que hubiesen sido producidos en serie con un molde. Hoy en día, comer fuera —o en casa— es mucho más informal. Las comidas también siguen una moda, al igual que la forma de presentar los platos, y por lo tanto, los floristas se parecen a los chefs modernos, y adoptan estilos y técnicas acordes.

El entorno suele determinar el estilo de la decoración de la mesa. Para una cena informal en la mesa de la cocina, un simple vaso de cristal o un tarro de mermelada sería suficiente; de forma similar, en la cocina de una casa de campo, una maceta de terracota, al natural o pintada, podría llenarse de flores. Para una comida más ceremoniosa o tradicional, no hay necesidad de un centro formal: un arreglo sencillo puede ser muy especial. Imagine un cuenco de cristal lleno con agua y flores flotantes: es lo suficientemente hermoso como para embellecer la mesa más importante.

flores del Lejano Oriente

Esta decoración de mesa oriental es un arreglo realmente barato. Al colocar ramas de cerezo en flor en las botellas de té verde es imposible no ver la alusión oriental. Si no es la época de las flores de cerezo, utilice por ejemplo una rama de orquídea. Puede utilizar el mismo criterio según el menú: botellas de tequila y flores de gloriosa para una noche mexicana, o manteles individuales cortados de periódicos árabes en el caso de una fiesta inspirada en el Medio Oriente, pero asegúrese de no ofender a ningún invitado que sea capaz de leer los titulares.

flores flotantes

Suele ocurrir que
tenga lugar un imprevisto
y que, por muy buenas
intenciones que tengamos,
no haya tiempo para
elaborar algo complicado.
Ésta es mi solución para
el arreglo de mesa más
rápido. También es ideal
si no quiere que la
decoración parezca muy
artificial. Tome cualquier
plato, llénelo con agua y
coloque flores flotando
en él, o únicamente sus
pétalos. Si tiene tiempo
para planificarlo con
antelación, intente utilizar
colores contrastantes,
como los cuencos azules
y las flores rosadas que
aparecen en la ilustración

guirnalda para una vela

Es un detalle para una gran ocasión: una vela como centro de mesa, con un nuevo efecto que hace que parezca muy actual. Lejos quedan ya los familiares candelabros, que reemplazaremos por una enorme vela con un rico color chocolate. A menudo me pregunto si las velas pueden ser todavía más grandes. Un anillo de claveles rodea la vela y una guirnalda de pétalos ensartados en un alambre, en tonos similares, serpentea a lo largo de la mesa. Los claveles se insertan en una base para coronas tradicionalmente utilizada para trabajos funerarios, pero igualmente efectiva para una mesa. Tiene una base de plástico que protege la superficie sobre la que se apoye.

1 Para hacer la guirnalda, separe los pétalos de los claveles y *Gerbera*. Corte unos 2 m de alambre. He utilizado dos técnicas para sujetar los pétalos al alambre y hacer el acabado de la guirnalda más interesante. A veces los atravieso con el alambre y otras únicamente enrollo el alambre alrededor de los pétalos para mantenerlos en su lugar. Añada los pétalos en grupos de cinco o seis, y espácielos, anudando o entrelazando el alambre entre los grupos para que quede visible y refleje la luz de la vela.

2 Llene un cuenco o el lavadero con agua y haga flotar la corona de espuma de florista, con la base de plástico hacia arriba; ésta es la parte que protege la mesa del agua, una vez que se ha secado. No fuerce la espuma a que se hunda porque puede crear una burbuja de aire. En unos cuantos minutos estará húmeda.

3 Para decorar la corona, corte los tallos de los claveles restantes a unos 2,5 cm de longitud, ya que el cáliz (la base verde de la flor) es bastante profunda y hace que la flor se mantenga alejada de la corona. Para un acabado uniforme, comience a poner las flores alrededor del borde exterior. Rellene después el borde interior y, finalmente, la parte superior de la corona.

materiales

5 claveles para la guirnalda
5 ejemplares de *Gerbera* para la guirnalda
carrete de alambre rojo
corona de espuma de florista con base de plástico integral
60-80 claveles para la corona

flores alternativas
crisantemos, *Zinnia*, clavelinas, acianos, caléndulas

1   2

vasos de anémonas

Unos humildes vasos de vidrio se transformarán en algo especial si se visten con una hoja de *Dracaena*. Corte los tallos y envuelva los vasos con las hojas, sujetándolas con palillos. También puede probar otras hojas, como la aspidistra o la hermosa (*Hosta*), y si utiliza hojas con tallos rígidos puede usar éstos en lugar de los palillos para sujetar la hoja. Si no puede encontrar hojas lo suficientemente grandes para rodear el vaso en su totalidad, envuelva una banda de cinta adhesiva de doble cara en forma horizontal alrededor del vaso y presione cinco o seis hojas de magnolia o laurel con firmeza contra la cinta adhesiva. Refuércelos en su lugar con una cinta, cordel o rafia, según el entorno. Finalmente, tome las anémonas y corte los tallos al mismo nivel con altura suficiente para que las cabezas apenas asomen sobre el borde del vaso.

Utilizar hojas para cubrir un recipiente es
uno de mis trucos favoritos. Aquí he envuelto cada vaso
con una simple hoja de *Dracaena*, cuyas sutiles pinceladas
de color púrpura parecen ser un reflejo del tono de las
anémonas.

flores y frutas

materiales

bloques de espuma de florista
unos 25 claveles
unas 25 rosas
unas 25 amapolas
unas 5 calas
unas 16 mandarinas
un manojo pequeño de cañas
   de jardinería delgadas
cerca de 12 tallos de ruibarbo
   para la decoración exterior
   del jarrón y hojas
   adicionales para el arreglo
   central
rollo de alambre de florista de
   calibre medio (galga 71)
cinta adhesiva de doble cara
cordel delgado

La combinación de frutas y flores en un arreglo no es ninguna novedad: piense en los cuadros de los maestros holandeses del siglo XVII. Más recientemente, en los años ochenta, se combinaron de una forma muy literal y realista: cestas rústicas de manzanas y coles mezcladas con nardos, por ejemplo. He utilizado esta idea con frutas y flores juntas en un ambiente contemporáneo, y también empleando colores impactantes. Este arreglo sería adecuado para un aparador; es demasiado alto para una mesa de comedor convencional.

1 Corte varios bloques de espuma de florista para rellenar el jarrón –este jarrón es de unos 45 cm de altura– y apílelos de forma que el superior sobresalga unos 10 cm sobre el borde. Esto le permitirá dirigir algunos tallos hacia arriba y dar al arreglo forma de cúpula.

Corte todos los tallos a unos 8-10 cm y clave las mandarinas en las cañas de jardín, a las que habrá dado una altura similar. Como alternativa, podría utilizar los tallos de las flores. Corte algunas hojas de ruibarbo de sus tallos y enrolle alambre alrededor de cada una de ellas para formar un tallo que pueda clavarse en la espuma. Comience el arreglo añadiendo elementos en línea recta cruzando el centro del bloque, y después haga otra línea en ángulo recto a la primera antes de rellenar los cuatro cuartos y así crear un limpio efecto redondeado.

2 Añada flores y frutas en grupos pequeños y no de forma separada para dar un patrón más reconocible al arreglo.

Cuando la espuma de florista esté totalmente cubierta, termine el arreglo añadiendo tallos de ruibarbo al exterior del jarrón. Ponga una tira de cinta adhesiva de doble cara horizontalmente alrededor del jarrón, a unos tres cuartos de la altura, y presione los tallos firmemente contra la cinta. Utilice otro tallo de ruibarbo horizontalmente para disimular la cinta, fijándola a cada uno de los tallos verticales alternos con trozos cortos de cordel atados con un nudo simple.

flores de fiesta

Me encanta comprar en los supermercados, tanto
en casa como en el extranjero, y probablemente yo sea el sueño de cualquier
técnico de márketing. No me importan los contenidos, es el embalaje –la
forma, el color, el diseño– lo que me impulsa a comprar.

Para la decoración de esta mesa he ido a la ciudad
y he utilizado una mezcla realmente internacional
de latas coloreadas. He comprado las latas en primer
lugar porque me gustaba su decoración: de los
contenidos me deshice con rapidez. Los encendidos
rojos y amarillos –el esquema de colores de la
mayoría de las latas– están reflejados en las flores:
gloriosas multicolores rojas y amarillas, orquídeas
(*Oncidium*) amarillas y rojas, y caléndulas de vivo
color naranja, mezclados con mimosas de color
amarillo claro y orquídeas (*Dendrobium*) color ámbar;
todas ellas sugirieren una comida picante y especiada.

Las latas se han lavado a conciencia, luego las he
llenado de agua antes de añadir las flores. Por último,
las he colocado relativamente al azar sobre la mesa,
aunque tengo la tendencia a situar las flores más
grandes hacia el centro.

He reforzado todavía más el esquema de color
con un paquete de papel japonés para origami, de
intenso color, esparciendo las hojas sobre la mesa en
lugar de utilizar un mantel, y así obtener un vibrante
efecto adicional. La decoración de la mesa es
relativamente simple, pero el efecto es realmente
impactante.

cuencos florales

Me encanta la idea de llenar con flores un recipiente; es un contraste muy diferente de los arreglos habituales. Otro aspecto de estos cuencos es su similitud con la comida. He colocado las flores en típicos cuencos de arroz chinos y japoneses, y su aspecto es delicioso. Aún se puede reforzar más la alusión con varitas de incienso como palillos.

Las flores que he utilizado son claveles, narcisos, amapolas, *Hippeastrum* y *Gerbera*. Todas las flores se encuentran directamente en el agua, pero sus tallos se han cortado notablemente. Si quiere añadir varitas de incienso, simplemente insértelas entre las flores al estar colocadas de forma tan densa, se sujetan firmemente.

Además de usar cabezuelas enteras de *Gerbera*, a algunas les he quitado los pétalos exteriores para dejar expuestos los interesantes y texturados centros, una buena manera de aprovechar las flores que han comenzado a marchitarse.

Me encanta verme rodeada de flores en cualquier momento. Aunque adoro los arreglos extravagantes o poco usuales para las ocasiones especiales, me agradan igualmente las flores cotidianas, simplemente un par de tallos en el alféizar de la ventana de la cocina. No necesita grandes cantidades de flores para la decoración diaria de su casa; no deberían ser lo primero que destaque cuando entra en una habitación. Elija las que le gusten y que reflejen su personalidad, pero combínelas también con su decoración. En un interior minimalista, media docena de azucenas sin follaje son de lo más austero que puede encontrar y son adecuadas para un entorno moderno. En un interior menos ordenado, algo más opulento sería más adecuado. Puede apreciar los efectos de ambos tipos de diseño en las páginas siguientes. En la página anterior se encuentra un magnífico tallo de platanero, tan intrincado y detallado como una auténtica obra de arte. Sin embargo, aquí está apoyado contra la pared del recibidor en la que los miembros de la familia dejan los zapatos, lo último a la hora de lograr un estilo informal.

corona de hortensias

Esta corona tiene una atractiva simplicidad. Vale la pena confeccionarla, ya que las flores llegarán a secarse sobre la corona, dándole una nueva vida como arreglo seco un poco más tarde. Si tiene un arbusto de hortensias en su jardín, podrá hacer la corona prácticamente sin coste alguno. Si no es así, puede comprar hortensias como flor cortada a finales del verano. Las bases de coronas como ésta se venden hechas a partir de dos círculos de alambre, uno ligeramente mayor que el otro, y unidos por una estructura de alambre. Una vez que el musgo está en su sitio, el alambre ya no resulta visible. El musgo se vende en los centros de jardinería como relleno para las cestas colgantes.

1 Ate el extremo del cordel con firmeza a la base de la corona. Forme una salchicha con un par de manojos de musgo. Colóquela sobre la corona y átela fuertemente con el cordel.

2 Tire del cordel con fuerza hacia usted para que llegue a penetrar en el musgo. Si el cordel está demasiado flojo, el musgo se caerá cuando cuelgue la corona.

3 Repita la técnica hasta que la corona esté cubierta de musgo. Corte el cordel del carrete, dejando el suficiente para atarlo con fuerza alrededor de la corona y hacer un lazo para colgarla.

4 Recorte el musgo con un par de tijeras para crear un efecto suave y redondeado.

materiales

base preparada de alambres
   para corona, de 25, 30 o
   35 cm de diámetro
carrete de cordel para
   jardinería
bolsa de musgo
manojo de alambres de
   florista, preferiblemente
   de galga 90
10-20 cabezas de hortensia,
   según el tamaño

5 Tome un puñado de alambres de florista –es preferible que sean de galga 90– y córtelos por la mitad. Con ellos preparará horquillas para sujetar las cabezas de hortensia en la corona.

6 Para dar forma de horquilla a los alambres, que se parecerán a las que usaban nuestras abuelas para recogerse el cabello, sujete cada alambre de forma que su punto medio se encuentre sobre el filo interior de la tijera. Déle forma con fuerza doblándola sobre el filo. Tendrá que preparar unas 40 horquillas en total.

7 Enganche una horquilla a través de los tallos inferiores de una cabeza de hortensia, y después sujete la cabeza en su mano para que los flósculos permanezcan compactos.

8 Comience a colocar las cabezas de hortensia alrededor del borde exterior de la corona. Coloque cada cabeza de lado contra el musgo y no de forma plana sobre la superficie, y clave la horquilla en el musgo, sujetando los tallos. Puede ser necesario utilizar más de una horquilla

por cabeza. Coloque las cabezas muy juntas. De esta manera, incluso si se marchitan, no caerán porque cada cabeza estará sujeta por sus vecinas. Después añada hortensias a la cara interior de la corona; puede ser necesario dividir las cabezas en trozos más pequeños para realizar un trabajo más pulido. Finalmente, rellene la parte superior de la corona.

No es necesario regar la corona; las flores se secarán poco a poco, y a menudo cambian de color cuando se secan. Aunque las hortensias de pálido color rosa pueden no ser sus favoritas, se decolorarán hasta un sutil color gris con matices magenta; las cabezas azules se transformarán en apagados tonos lavanda.

Puede utilizar la técnica que se describe aquí para crear coronas destinadas a cualquier ocasión. Me puedo imaginar una perfecta corona para la puerta de la iglesia, compuesta por hortensias blancas y espumosos ejemplares de *Gypsophila*.

Muchas personas, con toda razón, relacionan las coronas con los funerales. Pero al ser símbolo de eternidad –un círculo interminable– también resultan perfectas para otras celebraciones, como las bodas o la Navidad. En Estados Unidos también son populares las coronas de otoño.

amapolas

Adoro las amapolas. Son flores a las que les favorece ser expuestas individualmente, al dar la oportunidad de apreciar cada uno de sus detalles, desde los peludos tallos hasta los brotes ovoides y los pétalos que parecen papel de seda arrugado antes de abrirse. También resultan un poco rebeldes, ya que parecen resistirse a permanecer rígidos; sus tallos se doblan y retuercen a voluntad. A pesar de su fragilidad resultan bastante duraderas, y son un tipo de flores que, aunque se compren cerradas, se abrirán con toda seguridad. Aquí, por el precio de cuatro amapolas, obtendrá un elegante y arrebatador arreglo que hace juego con el color de las paredes, mientras que las arrugadas flores parecen hacerse eco de los jarrones de esmalte agrietado.

árbol recortado

materiales

20 tallos de narcisos blancos
cordón de zapatos (de piel)
recipiente de vidrio para el
   agua
bolsa de malla

flores alternativas

narcisos amarillos, claveles,
Hippeastrum

Hace ya mucho tiempo que preparo «árboles» de narcisos. Cada primavera, cuando los narcisos llegan a la tienda, considero la posibilidad de hacer algo distinto con ellos, pero siempre termino haciéndolos, porque resulta muy fácil y los tallos se prestan muy bien para conseguir el efecto de un tronco.

Las flores con tallos lisos y rectos son esenciales, y cualquier hoja en el tallo debe eliminarse. Si se utilizan tallos con flores múltiples, éstas deben salir de un único punto en la parte superior del tallo, como ocurre con *Hippeastrum*, donde las flores se entrelazan para formar una bola compacta.

Intente combinar el cordel para atar las plantas con los recipientes. Yo he combinado estas bolsas de malla semitransparentes con un cordel de zapatos de piel; si utiliza macetas de terracota, por ejemplo, un bramante sería ideal. Dicho sea de paso, las bolsas de malla esconden unos recipientes de vidrio llenos de agua.

1 Desenvuelva y desate los narcisos y tome uno o dos tallos. Construya el árbol añadiendo tallo por tallo. Añada algunos a un nivel ligeramente inferior, hasta que esté contento con el tamaño y el aspecto de la copa de su árbol de flores.

2 Una vez que la forma está completa, ate los tallos entre sí. Puede elegir entre atarlos cerca de las flores para que sea imperceptible o, como aquí, atarlos de forma decorativa a mitad de los tallos. He utilizado un cordón de zapatos de piel, con forma cuadrada. Después, corte los tallos a nivel de forma que las flores permanezcan de pie en el recipiente. Si no permanecen rectas por sí solas, utilice plástico de burbujas, celofán o guijarros para apuntalarlas.

calas

Aunque los lirios, en
particular las azucenas,
se han utilizado en exceso
–un cliché de los años
ochenta–, las calas han
mantenido parte de su
exclusividad. Aunque han
sido populares entre los
floristas durante décadas
–fueron utilizadas a
menudo como flores de
boda durante los años
veinte–, sus fuertes formas
gráficas son ideales para
un entorno austero y
contemporáneo. Aquí se
han atado justo debajo
de las cabezas florales,
al estilo de un árbol
recortado, utilizando una
larga hoja estrecha, lo
suficientemente flexible
para atarse en un nudo
simple. El jarrón de vidrio
en color azul cobalto
combina a la perfección
con el círculo del mismo
color en la pared –y
prácticamente constituyen
las únicas pinceladas de
color en la habitación.

Delphinium

La repetición es el
elemento que da a estos
ejemplares de *Delphinium*
un toque de modernidad.
Es un arreglo simple:
cuatro jarrones iguales,
cada uno con una rama de
Delphinium «Blue Bee» en
un intenso tono de azul
que casi parece artificial.
El color es la clave: flores
azules en vasos azules. Es
un arreglo que funcionaría
igualmente bien en la
repisa de una chimenea,
incluso en una larga mesa
de comedor, ya que los
jarrones ocupan un
espacio mínimo y no
obstaculizarían la vista
hacia el otro lado de la
mesa.

color tropical

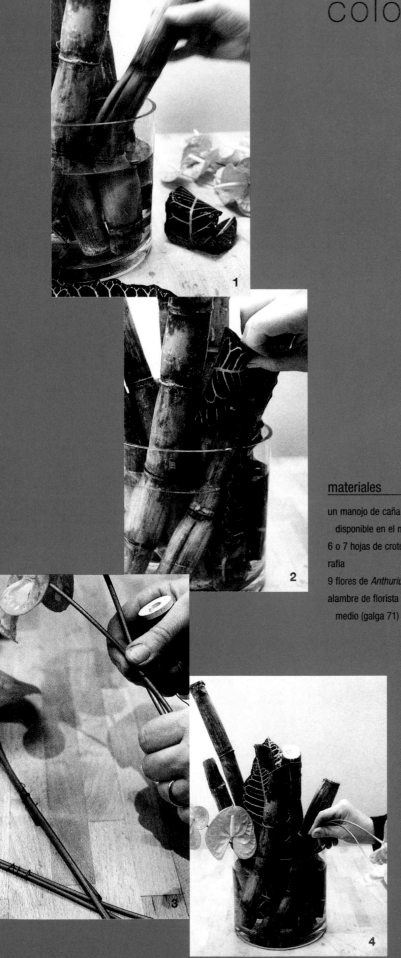

Las flores tropicales siempre me han parecido más bien «insolentes», por lo que he intentado desarrollar formas para utilizarlas más discretamente. El cortarlas muy cortas resulta de ayuda –estos ejemplares de *Anthurium* en particular tienen los tallos cortos por naturaleza– al igual que mezclarlas con los suaves tonos terrosos de la caña de azúcar. Las flores tropicales se asocian normalmente a los interiores modernos, pero estos colores apagados demuestran que el arreglo no parecerá fuera de lugar en un entorno más tradicional.

1 **Desenvuelva la caña de azúcar y clasifíquela; se suele vender en distintas longitudes. Si es necesario, córtela en trozos más manejables, entre 20 y 60 cm, manteniendo variación de altura. En este cilindro de vidrio de tamaño medio he utilizado unos diez trozos. Para darle un aspecto natural, junte los trozos y colóquelos verticalmente en el vaso, retire las manos y deje que caigan al azar contra el recipiente.**

2 **Después tome las hojas de crotón y añada algunas directamente al arreglo. No se sienta obligado a colocarlas de tal manera que las hojas estén encima del agua –yo las he puesto semisumergidas. Enrolle las hojas restantes en pequeños cilindros y átelos con un trozo de rafia. Sumérjalos totalmente bajo el agua.**

3 **Algunos de los ejemplares de *Anthurium* tienen tallos bastante cortos, por lo que he engarzado algunos de ellos juntos, atando una flor de tallo corto a la mitad del tallo de una más larga. He utilizado ejemplares de brillante color naranja como reflejo del color de las hojas del crotón, pero hay otros tonos en el mercado.**

4 **Finalmente, introduzca los ejemplares de *Anthurium* en el jarrón detrás de las hojas de crotón de forma que los tallos no sean visibles; únicamente deben verse las hojas enrolladas y las cañas debajo del agua, y no los tallos entrecruzados de *Anthurium*.**

materiales

un manojo de caña de azúcar,
   disponible en el mercado
6 o 7 hojas de crotón
rafia
9 flores de *Anthurium*
alambre de florista de calibre
   medio (galga 71)

sentimientos de paz en verde

En el gran espacio blanco y vacío de esta habitación no quería añadir nada que la dividiera o alterara su aire de tranquilidad. Estos jarrones zigzagueantes de vidrio transparente son ideales porque son prácticamente invisibles. Al usar flores verdes, damos continuidad a la sensación de calma y paz. El jarrón más alto contiene tallos de *Ornithogalum arabicum*; los pequeños contienen claveles verdes «Prado».

1

2

1 Para los claveles: elimine el follaje. Si las flores no están abiertas del todo, sujete el cáliz en una mano y pase la otra sobre los pétalos. Esta acción abre las flores al separar los pétalos. Tendrá que hacer esto si quiere obtener un ramo de formas redondeadas.

2 Tome una flor central y añada más tallos, formando un círculo con ellos. Conforme trabaja, dé pequeños golpecitos a las flores al colocarlas para obtener la forma redondeada. Puede hacerlo con cierta firmeza ya que los claveles son resistentes, a diferencia de otras especies que podrían dañarse.

3 Una vez satisfecho con el arreglo, ate las flores con firmeza justo debajo de las cabezas con un cordel de rafia gris; he elegido la rafia gris por su tono a juego con el verde grisáceo de los tallos. Corte los tallos antes de atarlos cerca del extremo. Adapte la longitud de los tallos al jarrón. He cortado los claveles de tal manera que las flores estén justo debajo del borde del jarrón, lo que hará que mire dos veces para comprobar si el jarrón está o no allí.

Los tallos de *Ornithogalum arabicum* también deberían atarse en ambos extremos con rafia. Las flores que vemos aquí aún están cerradas y, aunque probablemente llegarán a abrirse, para este arreglo realmente los elegí por sus largos tallos rectos.

materiales

20 claveles verdes «Prado» por jarrón
rafia gris
5 o 6 tallos de *Ornithogalum arabicum*

flores alternativas
en lugar de claveles: tulipanes sin hojas; pequeños ejemplares de *Allium*; para un efecto multicolor en lugar de *Ornithogalum arabicum*: *Agapanthus*; pequeños ejemplares de *Allium* en botón

regalos

Las flores son un regalo perfecto. Pueden expresar un millón de cosas que a menudo no somos capaces de decir: lo siento; te quiero; gracias por todo... Pero las flores solas no pueden transmitir el mensaje. Debe reforzarse mediante la manera en la que se presenten, empezando por las hojas que las rodean, el papel que las envuelve y terminando por la cinta o cuerda que las mantiene juntas. Cualquiera de estos accesorios puede cambiar el impacto que ejercen las flores y añadir espectacularidad o sutileza según se requiera.

Tradicionalmente, los ramos de los floristas eran arreglos planos, completamente encajados en una bolsa de celofán con un soporte de papel blanco fino. Al desenvolverse y exponerse en un jarrón —normalmente en la repisa de la chimenea o en un aparador— formaban un triángulo nada inspirador. Por suerte las cosas han cambiado desde entonces, y los floristas se esfuerzan por reinventar el ramo cada vez, y siguen sus instintos para crear una gama totalmente nueva de diseños florales que resulten innovadores.

ramo de tulipanes atado

materiales

35-50 tulipanes
unas 14 hojas de
   Anthurium
bramante
cinta, cordel o una hoja
   larga y estrecha

flores alternativas
rosas, *Gerbera*, peonías;
en lugar de *Anthurium*,
pruebe con *Hosta*

El ramo atado fue conocido en una época como «ramo de la anfitriona», en referencia al hecho de que las flores estaban dispuestas de tal manera que todo lo que debía hacer la persona que lo recibiera –la anfitriona– era ponerlo en agua. Confeccionar un ramo atado es una técnica bastante difícil de dominar. Comienza con una única flor central, alrededor de la cual se disponen los tallos subsiguientes en una espiral. Conforme la espiral se hace más grande, el ramo toma forma.

Este ramo atado es una versión más simple del tradicional: se compone de ramilletes con cinco tulipanes, cada ramillete envuelto en una enorme hoja de *Anthurium* y atado con bramante para hacer el ramo final.

Necesitará alrededor de siete ramilletes pequeños, acondicionados de la siguiente manera:

1 Retire el exceso de follaje de los tulipanes, de otra manera el ramo terminado será demasiado voluminoso y difícil de sujetar. Es muy importante eliminar la mayor cantidad de hojas posible por debajo del punto de sujeción del ramo terminado: *véase* página 134 para saber cómo averiguar la posición del punto de unión.

2 Coloque una hoja grande de *Anthurium* sobre la superficie de trabajo y cinco tulipanes sobre su centro. Doble los bordes inferiores de la hoja hacia adentro y sujétela firmemente alrededor de las flores.

3 Ate juntos los tulipanes y la hoja con un trozo de bramante. Repita las instrucciones dadas antes para hacer seis ramilletes más.

4 Una los ramilletes individuales de tulipanes en un único ramo grande. Sujete el primer ramillete en forma vertical y rodéelo con bramante alrededor del punto de unión –unos 25 cm por debajo de las cabezas florales– y quedará listo para atar los ramilletes siguientes. Tome un segundo ramillete.

5 Añada el segundo ramillete con un ligero ángulo respecto al primero y átelo con el bramante. Después sujete ambos con la mano izquierda y rote el ramo en sentido inverso al de las agujas del reloj antes de añadir el tercer ramillete.

6 Continúe añadiendo los ramilletes restantes, rotando el ramo principal en sentido inverso al de las agujas del reloj antes de atar un nuevo ramillete. Llegará el momento en el que todos los ramilletes rodearán al original, que estará en el centro. Anude el bramante y córtelo.

7 Recorte todos los tallos a la misma longitud con tijeras de florista, de manera que el arreglo se sostenga vertical en el jarrón.

8 Añada un anillo de follaje de *Anthurium* y ate las hojas alrededor con bramante.

9 y 10 Para disimular el bramante en el punto de unión, elija una cinta o cordel a tono, o incluso, como he hecho aquí, una hoja larga bicolor que pueda sujetarse con un nudo simple.

Para saber dónde colocar el punto de unión, necesita tener una idea aproximada del diámetro del ramo terminado, ya que el punto de unión debería estar colocado en la mitad de la distancia de su diámetro por debajo de las cabezas florales. Después de haber trabajado con flores durante tantos años, sé que un gran ramo de tulipanes como éste tendrá un diámetro de unos 50 cm. Así, el punto de unión debe estar a unos 25 cm debajo de las flores. Puede obtener una idea aproximada del diámetro final si sujeta todas las flores juntas antes de comenzar a preparar el arreglo. Cuanto más pequeño sea el ramo, más cercano a las flores estará el punto de unión.

Este ramo atado es el regalo perfecto para alguien sin tiempo, o quizá sin habilidad para hacer arreglos florales. Compuesto por pequeños ramilletes de tulipanes, cada uno envuelto en una gran hoja de *Anthurium*, el ramo terminado no necesita desenvolverse y puede colocarse inmediatamente en un jarrón.

cesto de prímulas

Un cesto lleno de prímulas de brillantes colores puede constituir un tradicional, aunque formal, regalo de primavera, pero aquí he reconvertido la idea y he utilizado una impactante cesta de plástico en lugar de la típica de mimbre. Cualquier cesta necesita un forro de plástico para protegerla del exceso de humedad, y al dejar que el brillante plástico anaranjado sobresalga del borde de esta cesta se ha convertido en una característica más por derecho propio.

farolillo de papel con orquídeas

Un pequeño farolillo chino de papel constituye una alternativa encantadora a un cesto de mimbre o una hoja de papel de envolver. Dentro del farolillo se esconde un vaso de plástico que contiene un pequeño bloque de espuma de florista húmeda, que mantiene frescas las orquídeas.

antiguo ramo de rosas

Estas exquisitas rosas casi parecen auténticamente antiguas. Sus extraordinarios pétalos, que parecen restos de tela antigua en un indescriptible tono beige-rosa-gris, nos recuerdan en algo a Miss Havisham (de la historia de Dickens), pero sin el polvo y las telarañas. Se merecen un envoltorio que sea un complemento a su aire de irrealidad difuminada, y un sedoso papel japonés se adapta perfectamente a los requisitos; el acabado consiste en una cinta en un adecuado tono apagado de rosa.

cucurucho de palomitas de jacintos

Estos jacintos de color azul índigo son brillantes, penetrantes y modernos, y contrastan totalmente con las rosas de la página anterior. Los he relacionado con un cucurucho de palomitas de maíz de cartoncillo rígido e iridiscente en colores igualmente brillantes; todo el arreglo pide a gritos que se le mire. Para envolver las flores, las coloqué en diagonal sobre un cuadrado de cartoncillo impreso, con las flores mirando hacia una esquina, y doblé las otras hacia el centro. Para asegurar un buen cierre, suelo utilizar cinta adhesiva de doble cara.

1

materiales

tallo largo de bambú verde
   gigante

manojos de hierbas cortadas
   (aquí he utilizado menta y
   romero, pero también podría
   haber utilizado tomillo,
   albahaca, cilantro o
   mejorana)

planta pequeña de lavanda

tierra para macetas, si es
   necesaria

hebras de sauce o una madeja
   de rafia, cáñamo o bramante

alambre de florista de calibre
   medio (galga 71)

hoja de laurel u otra hoja
   similar, estrecha y brillante

ofrenda de hierbas

2

3

4

5

6

Un regalo de hierbas es un presente ideal para alguien a quien le gusta cocinar. Este arreglo utiliza secciones de bambú verde cortados a la distancia adecuada para obtener tres atractivos recipientes. Puede ser necesario encargar el bambú a su florista. Entonces tendrá que cortarlo en trozos más pequeños con una sierra. Si corta debajo de los nodos foliares –los bordes prominentes en el tallo– hay una partición en el tallo que convertirá cada sección en un recipiente natural.

1 Vierta agua directamente en dos de los vasos de bambú; el bambú es impermeable.

2 Elimine las hojas inferiores de los manojos de hierbas cortadas pero deje sus ataduras originales intactas. Si no están atados, hágalo con un trozo de rafia o una goma elástica para darles una forma compacta. Ponga un manojo en cada recipiente.

3 Saque la planta de lavanda de su recipiente y replántela en el vaso de bambú. Puede que sea necesario eliminar una parte de la tierra para que quepa, o bien que tenga que añadir algo de tierra.

4 Corte el sauce en seis trozos largos y únalos por un extremo con un pequeño trozo de alambre de florista. Trénzelos utilizando dos tallos por sección y prepare una atractiva atadura para los vasos. Si su florista no dispone de sauce o no puede encargarlo, utilice rafia o bramante.

5 Sujete los extremos de la trenza atándolos con otro trozo de alambre.

6 Utilice la trenza de sauce para unir los tres recipientes, atándola con un nudo simple y asegurándolo con más alambre si es necesario. Escriba su mensaje en una hoja de laurel e insértela en la trenza.

Aunque los vasos de bambú no pueden utilizarse de forma permanente, durarán un tiempo relativamente largo, pero después tendrá que transplantar la lavanda a su jardín.

amapolas en plástico de burbujas

El traslúcido plástico de burbujas rosas es un fantástico envoltorio acolchado para estas delicadas amapolas. Las he envuelto en forma de paquete para enfatizar el papel del plástico de burbujas en la protección de las flores, y lo he atado con alambre rosa; además de ir a juego con el color, el alambre refuerza la nota industrial. Una única amapola, atada con el nudo, es un bonito toque final, y da una pista sobre el contenido del paquete.

orquídeas envueltas en hojas

En lugar de envolver estas orquídeas orientales en papel, he elegido dos hojas de *Dracaena*, debido al color de su envés, que refleja el color de las flores, y simulan la manera en la que se presenta a menudo la comida tailandesa. Al igual que esta comida se envuelve en una hoja de plátano atada con una pequeña rama, he utilizado un tallo cortado para atravesar las hojas y sujetar el arreglo. El follaje de mimosa realza las flores.

estación a estación

Las estaciones se van fundiendo en una sola; ahora podemos comprar tulipanes en agosto y fresas todo el año. Para mí, el milagro de las flores disponibles universalmente es una razón más para apreciar las primeras peonías del verano que nadie, hasta ahora, ha logrado hacer florecer fuera de su estación. Y con las flores auténticamente estacionales siempre hay algo que esperar con emoción, como las primeras campanillas blancas (*Galanthus*), que indican que la primavera está próxima. Temo el inicio del invierno, pero entonces es cuando llegan las cajas de piñas (de abeto) y la fragante canela, y la Navidad está a la vuelta de la esquina.

Comercialmente, la primavera se caracteriza por el amarillo y el azul –piense en los narcisos, jacintos, nomeolvides–, aunque me encanta desafiar a las tendencias. En la página anterior se muestran unos lirios en un rico tono marrón y unas ramas con los primeros brotes de *Spiraea*. Aunque los lirios se cultivan con fines comerciales, únicamente se venden durante períodos limitados, lo que los hace aún más preciosos.

primavera

Estos largos tallos
verticales de sauce
cabruno (bardaguera)
caracterizan una estación
en la que todo brota con
una nueva vida. El ramo
está colocado en un
recipiente bajo, por lo que
he utilizado un tradicional
acerico japonés (o kenzan),
que es una base de plomo
llena de alfileres
puntiagudos, como una
cama de clavos, sobre los
que se colocan los tallos,
para dar estabilidad al
ramo. Los guijarros
disimulan el acerico, y una
rama de sauce cabruno se
entrelaza formando un aro
que disimula la unión de
las ramas.

verano

Observar el bol lleno de
peonías despojadas
de su follaje le obliga a
concentrarse en su color
sin distracciones. Las
flores se han cortado y,
rompiendo con la tradición,
empaquetado de forma
tan densa que apenas
sobresalen de la superficie
del recipiente.

otoño

Para mí el otoño es la
época de la cosecha:
castañas de Indias, hojas
secas, bayas, bellotas, etc.
Aquí he utilizado un
recipiente de metacrilato
con compartimentos medio
llenos de agua para
mostrar una colección de
objetos interesantes. Entre
ellos se encuentran tallos
cortos y huecos de ajo
ornamental (*Allium*),
perfumadas hojas de
Geranium teñidas
de escarlata, botones de
las flores tardías de
Skimmia, hojas tropicales
enrolladas y un montón de
ramas rojizas colocadas
horizontalmente.

Invierno

El rociar un árbol de
Navidad con nieve seca
solía ser considerado de
mal gusto, pero ahora
las cosas han cambiado
radicalmente; además de
las lámparas de lava y todo
lo *kitsch*, lo artificial vuelve
a estar de moda. Un vaso
más ancho en su base
y más estrecho en su boca,
con capas de cuentas de
vidrio, coronado con un
árbol de Navidad en
miniatura cubierto con
nieve seca, imparte un
auténtico tono gélido.
En caso de que le surja
la duda, la maceta para la
planta está escondida
debajo de las cuentas.

cuatro estaciones

Las flores de temporada son la mejor

compra: serán más abundantes, sus condiciones serán óptimas y no pagará los costes del transporte desde lugares remotos o de su floración forzada en invernaderos con calefacción. Observe cómo una habitación cambia de aspecto según la estación si se utilizan únicamente plantas y flores que florecen –o dan fruto– naturalmente en esa estación.

primavera

La magnolia es una rareza. Está a la venta durante una o dos semanas únicamente. Para aprovecharlas al máximo las he colocado en recipientes modernos, de metal galvanizado, que son tan estrechos que mantienen los tallos perfectamente verticales. Los jarrones reflejan el color de las paredes y no compiten por la atención con las flores teñidas de rosa. La mayoría de las magnolias que florecen en primavera lo hacen antes de que salgan las hojas, dándole la máxima oportunidad de disfrutar de sus magníficas flores.

verano

El rosa también puede ser el color del verano. Estos ranúnculos blancos están ligeramente teñidos de rosa, que parece proceder de los brotes rosados de la guirnalda de jazmín que los rodea. Las flores blancas se vuelven luminiscentes al atardecer, por lo que en las noches del verano debe colocarlas en una mesa auxiliar iluminada por las lamparillas. El olor del jazmín también parece intensificarse al caer la noche. El extremo cortado de la rama de jazmín está sumergido en el agua.

Como recipiente he utilizado un jarrón de vidrio de paredes rectas forrado con hojas de aspidistra, que durarán tanto como las flores y que están sujetas con una cinta adhesiva de doble cara.

otoño

Para una corona otoñal necesitará unas ramas flexibles: el sauce es ideal, pero otras también sirven; píntelas de blanco. Cuando la pintura esté seca, conforme el círculo básico con dos o tres ramas y átelas con alambre o cuerda. Si esta base es lo suficientemente segura, las ramas restantes se podrán entrelazar con las primeras sin necesidad de alambre o cuerda. Unos tallos con bayas de *Callicarpa* pueden introducirse en la corona, la cual está colgada con un cordel de piel.

invierno

Las anémonas son alegres flores de invierno, especialmente si tienen ese navideño tono rojo. Este color se repite en las decoradas botellas de leche de principios del siglo XIX, embellecidas con ángeles rojos que anuncian el ponche de huevo. Aunque se producían en Inglaterra, estas botellas se exportaron a Estados Unidos y yo encontré las mías en Nueva York. Este arreglo le demuestra que no necesita grandes cantidades de flores para crear impacto; aquí sólo hay seis anémonas.

flores, follaje, plantas

plantas recomendadas

Cada vez que voy al mercado parece que ha llegado algo nuevo de algún distante y exótico país. Los importadores me llaman con regularidad para mostrarme nuevas flores y follaje de todo el mundo. Siempre hay cosas nuevas que aprender, y mi estilo ha cambiado como respuesta a la búsqueda de nuevas ideas e ingredientes. Los clientes también tienen mayores expectativas, y debo satisfacer su demanda.

En este listado he intentado proporcionar una muestra representativa de ingredientes que incluye la mayor cantidad posible de flores y follajes más novedosos. Es posible que algunos aún no estén disponibles con facilidad en su floristería local, pero continúe pidiéndolos: pronto lo estarán. No he incluido algunos elementos adicionales que se mencionan en el libro, como las castañas de Indias o el ruibarbo, ya que resultan sumamente familiares. El listado es una relación de mis materiales vegetales favoritos, y no pretende ser una guía definitiva sobre todo lo que hay disponible en el mercado; sólo son algunas de las flores, follaje y plantas que considero más interesantes en estos momentos.

Allium (ajo ornamental)

El ajo ornamental que se vende habitualmente como flor cortada suele corresponder a las especies más pequeñas con cabezas de diminutas flores blancas o violetas. También hay tallos de *Allium giganteum* de estación, que, como su nombre indica, tienen unas flores enormes. Un único tallo en un jarrón puede ofrecer un aspecto sensacional, como si se tratara de una flor del espacio exterior. Todos los ajos ornamentales son miembros de la familia de las cebollas y dan al agua un olor a cebolla, que los decolora rápidamente. También despiden etileno, un gas que se produce durante la maduración, y si se mezclan con otras flores en un arreglo mixto tendrán una duración inferior a la habitual.

Amaranthus caudatus (amaranto)

Los amarantos fueron exportados de la India por primera vez durante el siglo XVI. Las flores como borlas son de un típico color rojo, aunque también existe una variedad con impactantes flores verdes. Yo incluí amarantos rojos en mi ramo de novia, y me encanta la forma en que cuelgan, como terciopelo arrugado. Puede dejarlos caer desde su recipiente hacia la mesa, para crear un vínculo entre las flores y la superficie sobre la que reposan.

Anthurium andraeanum

Estas flores son un tipo de lirio, importado durante todo el año de las Antillas Occidentales. Pertenecen a la misma familia que las calas nativas. La coloreada flor con forma de corazón es conocida como espata y la «cola» central como espada. Las flores son sorprendentemente brillantes y las hay de todos colores, desde el rosa hasta el marrón y desde el blanco hasta el verde. Su precio también es asequible y deben durar entre tres y cuatro semanas en agua. También se venden como plantas de interior y son muy longevas si las condiciones son correctas, siempre y cuando la temperatura no sea inferior a 18 °C. El follaje también se vende en los mercados; las brillantes y enormes hojas son ideales para combinar con otras flores o para envolver recipientes redondos. Algunas de las hojas también están hermosamente jaspeadas, salpicadas de blanco o crema.

Aloe vera

Las plantas en maceta vuelven a estar de moda después de su auge en los años setenta, y las cactáceas y suculentas son lo más moderno que puede comprar. *Aloe vera* es muy resistente y me encanta la flor grisácea que esta especie desarrolla en sus gruesas hojas carnosas. La forma en que están dispuestas sus hojas le otorga un perfil interesante que es ideal para un apartamento moderno.

Hippeastrum

Son nativos de Sudamérica. Sus grandes flores con fuertes pétalos se sostienen sobre gruesos tallos tubulares sin hojas. Son flores estacionales, que se encuentran a la venta desde finales de otoño hasta mediados de primavera, tanto como flor cortada como planta en maceta, y en tonos de rosa, melocotón, blanco y rojo e incluso hay variedades a rayas rojas y blancas. Si cultiva sus propios ejemplares como plantas de interior, incluso puede escoger entre más colores. Los ejemplares miniatura son el último desarrollo de los cultivadores. Si compra las flores cortadas con los brotes muy cerrados, durarán más de dos semanas.

Cynara cardunculus (alcachofa)

Estos enormes cardos violetas son exactamente las mismas alcachofas que se hallan a la venta en su frutería; la única diferencia es que se ha dejado madurar a las flores, y realmente no querrá comerlas una vez hayan florecido. Los cardos son flores auténticamente estacionales, únicamente disponibles en verano. Su follaje también es maravilloso: grandes y esculturales hojas arqueadas, suaves y plumosas por el envés, pero dolorosamente espinosas a lo largo de sus bordes.

Anémona

Las anémonas tienen flores verticales con forma de copa, en una gama de colores preciosos, con contrastantes estambres en un color negro como el hollín. Cuando comencé a trabajar con anémonas, éstas eran pequeñas y únicamente estaban disponibles en ramos multicolores. A lo largo de los años las he visto madurar, y ahora son casi una flor diferente: tallos muy largos que se venden en ramos monocromáticos.

Aspidistra elatior (aspidistra)

Las aspidistras fueron en su día sinónimo de respeto, y simbolizaban la etiqueta en el recibidor en la época victoriana. Durante años se consideraron plantas aburridas y desfasadas, pero los dictadores del estilo se lo han replanteado y estas hojas son ahora de lo más actual por el aire oriental que dan a los arreglos florales. Los cultivadores holandeses pueden proporcionar estas hojas todo el año como follaje cortado. Esta planta puede tolerar casi cualquier condición en la que la coloque, y realmente es extremadamente resistente. Si quiere una aspidistra como planta doméstica, busque la variedad jaspeada con las hojas variegadas en blanco.

Musa (banano, plátano)

Si quiere causar impresión, pida a su florista una rama de banano, incluyendo pequeños racimos de plátanos. Es más que probable que tenga que hacer un pedido especial, ya que no están disponibles habitualmente. También son caros, pero valen su precio, tanto por el impacto que producen como por su longevidad, ya que una rama durará un mes o más en agua. Puede cultivar ejemplares en un invernadero cálido, siempre y cuando la temperatura no descienda por debajo de los 10 ºC, y no es raro que lleguen a dar frutos.

Molucella laevis (campanas de Irlanda)

Las flores verdes siempre han tenido el distintivo de sofisticadas, tanto por los jardineros como por los floristas. Las flores verdes son, de hecho, grandes cálices cónicos que contienen una diminuta, casi insignificante, flor auténtica. Tienen una intensa fragancia herbácea que me gusta particularmente. Los tallos de campanas de Irlanda son ideales para los arreglos mixtos como planta adicional de follaje. Conjúntelas con hojas de aspidistra para ofrecer un aspecto oriental, agrúpelas con espuelas de caballero y escabiosa para un aspecto campestre, o déjelas solas para un efecto espectacular. Las flores también pueden secarse, aunque perderán su color. Es posible que las vea en macizos de jardín alguna vez, ya que son fáciles de cultivar.

Bambú

Hace relativamente poco tiempo que el bambú, un miembro de la familia de las herbáceas, está disponible comercialmente como planta de corte. Nativa de Japón y China, tiene, como la aspidistra, un atractivo oriental contemporáneo. El bambú dura mucho tiempo en agua y también puede utilizarse para rodear arreglos, por ejemplo, atando tallos a un recipiente. La mayoría de las especies tienen cañas huecas, que pueden ser negras, marrones, rosadas, púrpuras o amarillas, y a veces moteadas o rayadas. Me gusta arrancar las hojas para mostrar mejor las cañas. Algunas especies crecen bien en el jardín.

Banksia

Estas asombrosas plantas fueron descubiertas en el siglo XVIII por el gran naturalista y explorador sir Joseph Banks, que acompañó al capitán Cook en su viaje a Australia. Tienen una fascinación prehistórica: o se las odia o se las adora, pero de cualquier manera es imposible permanecer indiferente ante sus extraordinarias flores. Sus tallos son gruesos y duros, y sus cabezas florales muy pesadas, y ofrecen un aspecto maravilloso si se exponen en jarrones de gres. Las flores tienen una textura increíble: me recuerda un gorro de lana.

Strelitzia reginae (ave del paraíso)

Estas flores nativas de Sudáfrica se encuentran disponibles prácticamente todo el año, y sus largos tallos y curiosas flores arquitectónicas las hacen ideales para los interiores modernos. Las flores se abren en sucesión, conforme cada una se muere, y puede acelerar un poco el proceso abriendo la flor siguiente con las yemas de los dedos justo cuando la última se termina de marchitar. Introduzca sus dedos en el «pico» y saque la flor nueva —está contenida en una especie de gel.

Dianthus (clavel)

Los claveles han sido víctimas de la mala prensa igual que los crisantemos. Cuando abrí mi primera tienda en la calle St. James, en el West End de Londres, no vendía ninguna de estas flores y juré que nunca lo haría. Ahora que, muchos años más tarde, los cultivadores han reinventado los claveles, dándoles flores verdes, incluso de color terracota, y rizando sus pétalos con esmero, he tenido que rectificar y admitir que incluso me gustan, a pesar de que es parecido a acceder a llevar volantes otra vez. También me encanta su aroma, que es más intenso en las flores blancas, y resulta fundamental saber que son parientes cercanos a las fragantes clavelinas.

Prunus (flor de cerezo)

Los ramilletes de flores de cerezo tempranos nos indican que la primavera se acerca, y también representan una amistad floreciente. En la tienda podemos comprar delgados tallos rectos sin follaje, pero prefiero las ramas cortadas de un huerto, con su nudosa corteza y cargados de flores. La flor de cerezo es un ingrediente auténticamente estacional, y no podría pasar sin él.

Ornithogalum thyrsoides (chincherinche, leche de gallina)

Estas flores en forma de taza son extraordinariamente longevas y están disponibles todo el año. Una pirámide de capullos se sostienen sobre un largo tallo recto. Me gusta la combinación de brillantes flores blancas y tallo verde, con los que se trabaja fácilmente.

Dendranthema (crisantemo)

Al igual que los claveles, los crisantemos han sufrido un problema de imagen en los últimos años. Se han convertido en sinónimo de flor de supermercado, disponible todo el año y con pocas otras cosas para acompañarlas. Pero vuelven a estar de moda y han sido reinventados con algunos asombrosos colores nuevos, como el verde y el marrón. Las variedades de cabezas grandes son otra historia. Sus espléndidas cabezas florales, con muchos pétalos, se clasifican de acuerdo a su forma, como «incurvado», «reflejo», «borla» y «araña». De origen chino, donde se las consideraba plantas nobles, junto con el

Celosia argentea (celosía)

Algunas especies de celosía tienen flores que parecen plumas, pero mi favorita es *Celosia argentea* (en la fotografía), que para mí tiene una textura encantadora, y parece una cinta de terciopelo, aunque algunas personas afirman que les recuerda un cerebro. Al combinarla con otras flores, la celosía les da un fondo suntuoso, especialmente si la corta más de forma que esté situada a un nivel más bajo en el arreglo y parezca estar entretejida entre los tallos más largos.

Physalis alkekengi (farolillos)

Los farolillos son otra especie de jardín popular como flor cortada. Los farolillos, que se producen en otoño, son realmente una especie de envoltura de semillas con textura de papel, que protege una única baya de color naranja. Mantienen su característico color naranja incluso cuando se han secado. Me gusta colocarlas junto a calabazas de distintas formas cuando llega la noche de Halloween.

ciruelo, el bambú y las orquídeas, los crisantemos fueron introducidos en Japón en el siglo IV, y figuran con frecuencia en los antiguos diseños textiles y otros trabajos artísticos. Tienen la vida más larga que cualquier flor de corte, y llegan a durar hasta tres o cuatro semanas, siempre y cuando el agua se cambie con regularidad. Tan pronto como huelo su particular fragancia, recuerdo mi primer trabajo en Essex, donde tenía que atar miles de crisantemos en coronas funerarias. Se dice que las flores broncíneas simbolizan la amistad; las rojas, el amor; las blancas, la sinceridad.

Crotón

Otra reminiscencia de los años setenta, ésta fue una de las primeras plantas tropicales domésticas que llegaron a nuestro continente. Pronto sus hojas de color verde oscuro, salpicado de brillante rojo, naranja o amarillo, lo invadieron todo, pero como dice el viejo proverbio, la familiaridad da lugar al desdén y esta especie cayó en desgracia. Ahora ha vuelto, aunque como follaje de corte y en gran demanda para los arreglos tropicales modernos.

Dracaena

Familiar durante años como planta de interior, sus estrechas hojas son imprescindibles en los arreglos orientales modernos. Se presentan en una variedad de tonos, con suaves pinceladas de color que van desde el verde lima hasta el berenjena. Duran mucho tiempo en agua y son adecuadas para envolver recipientes redondos.

Eleagnus

Eleagnus tiene un pequeño y bien proporcionado follaje que es útil para los ramos o para combinar con flores cortadas. Algunas especies tienen hojas jaspeadas con dorado, otras son plateadas, mientras que otras son oscuras con el envés plateado. En invierno tienen una ventaja adicional, ya que producen pequeñas flores blancas con forma de campana e intensamente perfumadas.

Eucalyptus (eucalipto)

Hay cientos de variedades diferentes de eucalipto, y no únicamente se venden por su follaje; puede comprar tallos con vainas de semillas e incluso ramas en flor. El follaje está intensamente perfumado, y después de un día de trabajo con esta especie mis manos huelen durante horas. Cuando tenía 15 años convencí a mi padre de comprar un árbol de eucalipto para el jardín, influida por mi trabajo de los sábados en la floristería local, donde manipulaba el follaje del eucalipto. Ahora le amarga la vida ya que no ha dejado de crecer.

Delphinium (espuela de caballero)

Las espuelas de caballero son magníficas flores de corte. Las largas variedades «Elatum» vienen en tonos que van desde el índigo más profundo hasta el rosa pastel pasando por un azul iridiscente. Las variedades «Belladonna» tienen tallos florales ramificados y flores más sueltas. Me encantan los delicados brotes florales y nunca descarto los laterales por esta razón. Son las típicas flores inglesas románticas, e incluso algunos de los nombres de sus cultivares, como «Lancelot» y «Guinevere», resultan evocadores.

Las espuelas de caballero tienen tallos huecos que son propensos a las burbujas de aire. Un truco consiste en sujetar una flor cortada al revés y llenar el tallo con agua. Después, coloque su pulgar en el extremo y sitúe la flor rápidamente de pie en un jarrón con agua.

Eryngium planum (cardo)

Los cardos están disponibles casi todo el año. Algunas variedades tienen flores de un intenso color azul, mientras que otros son de un gris plateado, y también varían en tamaño. Son espléndidas plantas de jardín, y aunque sólo estarán en flor entre mediados y finales del verano, las flores se pueden secar con gran éxito. Las hojas del tallo y las que rodean las flores son espinosas, pero los tallos de las flores cortadas no son difíciles de manipular.

Euphorbia

Ésta es una gran familia de plantas, con flores que van desde el verde lima hasta el color de fuego, particularmente en las especies que florecen en verano. Otras tienen follaje que se tiñe de rojo conforme avanza el año. Una de las especies cortadas más comunes es *Euphorbia fulgens*, que se presenta en variedades rojas, blancas, naranjas y violetas. Todos los ejemplares tienen una pegajosa savia blanca que puede causar irritación en las pieles sensibles. *Poinsettia* pertenece a la misma familia.

Myosotis (nomeolvides)

Estas bonitas flores están disponibles en primavera, y únicamente en primavera. Aunque su vida una vez cortadas no es muy larga, su aspecto campesino es irresistible. Son plantas de jardín fáciles de cultivar y crecen bien en semisombra; una vez que las tenga, volverán a crecer cada año. También hay variedades rosas y blancas, además de la clásica azul. Su simbolismo es obvio gracias a su nombre, que se atribuye a un caballero medieval, que al morir en batalla lanzó una flor a su amada gritando: «No me olvides».

Fritillaria meleagris (fritilaria, tablero de damas)

Me encanta la fritilaria de cabeza de serpiente. Es una de las especies menores y únicamente está a la venta en primavera. Los tallos florales son completamente incontrolables –se doblan con facilidad–, pero es eso lo que a mí me gusta, cuando las flores se resisten a adquirir una forma y mantienen su carácter silvestre. Las fritilarias de cabeza de serpiente se solían cultivar con frecuencia en las praderas del sur de Inglaterra, y aún existen algunos lugares protegidos donde puede verlas hoy en día. Las flores más grandes de la familia –coronas imperiales, por ejemplo– tienen un curioso olor, casi parecido al azufre. A mí me encanta.

Gerbera (gerbera)

Se trata de modernas flores extrovertidas. Fueron populares durante años pero sufrieron un retroceso, y justo cuando pensé que no vería más ejemplares, los cultivadores reinventaron al ídolo caído. Le han dado pétalos alocados, que parece como si hubieran sido atacados por un par de tijeras, y han ampliado su gama cromática para incluir los tonos más sorprendentes, desde el rosa hasta el marrón. Incluso el ojo central de la flor no se ha escapado al rejuvenecimiento y puede ser marrón, negro o crema, o una roseta muy densa de pétalos verdes.

Freesia

Éstas son las tradicionales flores nupciales y continuarán siéndolo debido a su delicada fragancia y porque sus céreos pétalos no decaen. Se presentan en rosa, azul y amarillo además de blanco y marrón, que es el nuevo color introducido. Las variedades con flores dobles también están disponibles. La amplia gama de variedades comerciales significa que podemos comprar ejemplares de uno u otro tipo todo el año, mientras que las plantas cultivadas en el jardín únicamente florecen durante los meses de verano.

Geranio perfumado

Las flores del geranio perfumado son minúsculas y casi no vale la pena mencionarlas, pero la fragancia de sus hojas es algo distinto. Puede elegir entre el limón y la rosa, la menta o el chocolate, además de muchos otros aromas. Algunas de las hojas tienen marcas muy interesantes o una textura vellosa muy suave, mientras que otras tienen hermosas formas como la del roble, o son intensamente serradas.

Gladiolus (gladiolos)

El muchas veces difamado gladiolo, relacionado para siempre con la Dama Edna y las poco imaginativas hileras en el jardín, puede ser impactante en la situación correcta. Si lo deja realmente largo y coloca un enorme grupo en un llamativo jarrón, su impacto será asombroso. Incluso puede comprar hermosos gladiolos verdes, una variedad conocida como «Woodpecker», con un ojo de color rojo oscuro. Quizá algún cultivador se dedique a hacerlos aún más atractivos.

Solidago, Solidaster (vara de oro)

Cuando comencé a trabajar, la vara de oro era una flor estacional que no se cultivaba comercialmente; teníamos que comprarla directamente de particulares o minoristas. Ahora está disponible todo el año y sus esponjosos ramilletes amarillos compiten con *Gypsophila* como planta popular de «relleno» en los ramos que se venden en los supermercados. En el lenguaje victoriano de las flores, se decía que la vara de oro representaba la indecisión.

Hierbas (gramíneas)

En los últimos años, las hierbas se han puesto de moda, tanto como flor cortada como para su cultivo en el jardín. Hay tantas variedades diferentes, que van desde la pequeña y compacta *Scirpus* –ideal para una maceta– hasta las fuertes hojas de la hierba de acero, a rayas verdes y grises. Además de ser un complemento para los arreglos, las hierbas son ideales para envolver los recipientes redondos o para transformar un jarrón anodino en algo más interesante. Las hierbas delgadas pueden utilizarse en lugar de rafia para atar flores; las más anchas pueden sujetar ramos a modo de cinta. Siempre hay algún tipo de hierba a la venta. Las variedades más altas ofrecen un

Viburnum opulus «Roseum» (rosa de Güeldres)

Las flores verdes están entre mis favoritas, y me encantan las cabezas compactas de estas diminutas flores que se abren para formar esferas casi perfectas, de allí su otro nombre común, mundillos. Su tono verdoso es útil para reforzar los toques de verde en otras flores o en el follaje. Las rosas de Güeldres se usan a menudo como «relleno», debajo o entre otras flores, y raramente son la estrella del arreglo.

Muscari (jacinto de penacho)

Estas pequeñas flores de primavera tienen espigas compactas de flores en tonos azules, desde el muy intenso hasta un cielo pálido, y también en blanco. El contraste entre los desnudos tallos en color verde lima y las frescas flores azules es muy agradable. Aún me emociono cuando voy al mercado y llegan las primeras cajas de la temporada. A veces deseo que la temporada se extienda de manera que los jacintos estuvieran disponibles más tiempo, pero al mismo tiempo sé que perderían parte de su encanto. Los jacintos son flores ideales para colocar en una mesita de noche.

soberbio aspecto por sí solas; realmente no es necesario añadir flores. En general son de larga duración y a menudo pueden secarse en el mismo jarrón. Tenga cuidado al trabajar con ellas, ya que algunas de las más gruesas pueden cortar sus manos.

Gypsophila (gipsófila)

Lo más escogido de los ramos ha perdido parte de su valor en los últimos tiempos. Sus pequeñas florecillas blancas sobre finos tallos delgados como cabellos la convirtieron en la planta de «relleno» favorita para usar con rosas, ya que crea una deliciosa nube alrededor de flores más fuertes. Debo confesar que rara vez la uso de esta forma, aunque he experimentado con sus cualidades neblinosas de otras maneras. Una vez utilicé la gipsófila para un tema «celestial» y produje un maravilloso efecto de nubes con enormes árboles recortados. Es igualmente útil fresca o seca, y está disponible todo el año. La gipsófila también es fácil de cultivar en el jardín.

Helleborus (eléboro)

De un encantador tono verde blanquecino, los eléboros son de lo más precioso porque sólo están a la venta durante un tiempo muy corto en primavera. Las tradicionales rosas blancas de Navidad pertenecen a la familia de los eléboros. Se cultivan comercialmente pero son muy caros. La especie oriental, que florece a finales de primavera con clásicos tonos de púrpura y rosa, tiene un aspecto antiguo, como flores de otra época. Se supone que representan el engaño y la decepción.

Heliconia

Fue unas de las primeras flores tropicales en escena. Las primeras especies que llegaron a Europa eran grandes flores impactantes en un vivo tono rosa, aunque no me interesaron especialmente. Provienen de las Antillas Occidentales, y ahora las hay en tonos y formas más sutiles, incluyendo el amarillo y el blanco.

Hyacinthus orientalis (jacinto)

Las flores bulbosas, como los jacintos, están de moda. Me encanta su fragancia, y especialmente sus flores azules o blancas, aunque las hay en colores rosa, crema, salmón y albaricoque, además de una variedad ocasionalmente rayada. Los prefiero antes de que se complete la floración, cuando los botones aún están cerrados. Su desventaja es que los tallos cortados despiden una pegajosa savia viscosa. Aunque los adoro como flores cortadas o plantas en macetas, no me gustan en el jardín: en cierta manera me recuerdan a los parques.

Iris (lirio)

Los lirios holandeses de los tiempos modernos –típicamente blancos, amarillos o violetas– han perdido parte de su encanto para mí, principalmente porque están disponibles todo el año. Pero no me canso de *Hermodactylus tuberosus* (en la fotografía); adoro sus flores verdes con el toque de terciopelo negro, como si se tratara de un abejorro. A diferencia de sus parientes más próximos, este lirio únicamente está a la venta durante un período muy corto en primavera. Ahora se empiezan a ver otros tipos de lirios cultivados comercialmente, lo cual me emociona. Aún es pronto, pero podemos empezar a comprar lirios con hermosos pétalos color chocolate, al igual que el clásico violeta.

Hierbas de olor

Siempre me ha gustado la idea de incluir follaje aromático con las flores, en especial si las flores en sí carecen de olor. Las hierbas de olor se adaptan bien a nuestra creciente conciencia sobre la aromaterapia: el romero (en la fotografía) puede ser edificante, mientras que el eucalipto es revitalizante. El romero era el tradicional follaje para los ramos nupciales, y simboliza el recuerdo; la menta indica sencillez, y la mejorana modestia. Unos tallos de romero también serán útiles para añadir textura. El follaje es perennifolio y el envés de las hojas es de un contrastante gris plateado. Las flores son azul purpúreo.

Hydrangea (hortensia)

Las hortensias son originarias de Japón, pero ahora están bien establecidas en nuestros jardines. Recientemente han ganado popularidad como flor de corte; antes teníamos que comprarlas como plantas en macetas y cortar las flores para utilizarlas. Las hortensias son ideales para su uso en bodas y son extremadamente versátiles. Como flores frescas durarán cerca de una semana en agua, pero pueden secarse dejándolas en agua conforme las flores se decoloran gradualmente; si no las mantiene en agua mientras se secan, no mantendrán la forma ni la firmeza del tallo. Alternativamente, conserve las flores dejándolas en el arbusto hasta que estén casi secas, y después termine el trabajo en un armario oscuro.

Hedera (hiedra)

Existe una amplia gama disponible, desde grandes especies de hojas planas hasta la diminuta variedad «Needlepoint», ideal para los ramos de novia. Muchas hiedras son jaspeadas en tonos de amarillo, verde claro, blanco, plateado o incluso rojo. Ahora se cultiva comercialmente, pero era habitual comprarla a los comerciantes que salían al campo o a los grandes jardines para cortar hiedra y otras plantas con hojas. Recuerdo haber creado un arreglo de 3,7 metros de longitud para una novia, que la llevaba en lugar de cola. Es un follaje indicado para festividades nupciales: su naturaleza representa la unión de la pareja.

Anigozanthos

Estas flores se importan de Australia y gradualmente están disponibles a nivel comercial. Los largos tallos llevan grupos de flores en tonos de naranja, rojo y amarillo verdoso, y tanto los tallos como las flores están cubiertos de suaves cerdas negras. Éstas destacan maravillosamente sobre la variedad amarillo verdosa y me encanta su interesante textura. Son caras pero duran mucho tiempo como flor cortada.

Lavandula (lavanda, espliego)

Me encantan las grandes matas de lavanda en un jardín, inevitablemente cubiertas de abejas y mariposas a mediados del verano. Su aspecto es magnífico, tanto en el exterior como en un interior, y además se seca fácilmente, por lo que puede utilizarse para popurrí o crear con ella bolsitas perfumadas. Aunque se dice que la lavanda significa el rechazo, su agradable olor hace que sea solicitada para los ramos de novia o de las damas de honor. El color de las flores varía en intensidad desde el púrpura intenso hasta el azul pálido, y también hay variedades rosas y blancas. El follaje también tiene aroma y las estrechas hojas de color verde grisáceo añaden color y textura a un arreglo.

Convallaria majalis (lirio de los valles, muguete)

Es tal la demanda del lirio de los valles para las bodas que ahora está disponible todo el año, pero realmente le harán pagar el privilegio. Es mucho más asequible en su estación natural, a mediados de primavera. El lirio de los valles se vende también como planta en macetas, y si la cultiva en el jardín, puede intentar transplantar una mata al interior en una maceta y darse el gusto de verla florecer. Las flores son un símbolo de amistad.

Xanthorrhea australis

Otra planta de importación australiana y una auténtica atracción. Necesitará un enorme jarrón arquitectónico para dar apoyo a sus enormes tallos, que pueden alcanzar con facilidad los 90 cm de altura. Las altas y rectas cabezas florales están cubiertas con un denso y suave «pelo» marrón y salpicadas con pequeños brotes que se abren gradualmente para mostrar unas flores estrelladas. Por descontado, debe utilizarse en grandes e impactantes arreglos.

Syringa (lila)

Recuerdo el árbol de lilas en el jardín de mi abuela, y su perfume, una fragancia melancólica; realmente no hay nada edificante en el aroma. Si corta una lila del árbol no durará mucho tiempo. Las variedades cultivadas comercialmente han sido creadas para durar más tiempo, pero con un inconveniente: no huelen. Parece ser que el gen que controla la fragancia también controla la longevidad, por lo que se sacrifica uno en aras del otro.

Lisianthus

Ésta es una flor de corte relativamente nueva que entró en escena hace unos diez años. Las flores se presentan en tonos violeta, lila, rosa, crema y blanco, al igual que bicolores, por ejemplo, flores blancas con un borde lavanda. Las flores pueden ser sencillas o dobles, y son de larga duración, aunque nunca son muy llamativas. Para mí son bonitas, pero no extremadamente hermosas.

Lilium (azucena)

Las azucenas blancas, con sus tubulares flores de dulce olor, alcanzaron la cima de su popularidad en los años ochenta, pero eso no quiere decir que ahora estén en desuso. Una gama interminable de nuevos colores ha asegurado que permanezcan en escena. Una de mis favoritas es la elegante y oriental «Casablanca», que tiene flores bien abiertas y un perfume encantador. Las azucenas blancas, en especial *Lilium candidum*, han sido relacionadas durante mucho tiempo con la pureza y la Virgen María; a menudo se utilizan para decorar las iglesias durante la Pascua.

También existen las aerodinámicas calas (*Zantedeschia aethiopica*) (en la fotografía). Aunque algunas personas las relacionan con los funerales, también son muy populares para los ramos nupciales. Se han utilizado en ambos casos porque en el pasado no existía la gama de flores que tenemos hoy en día. Para mí tienen esa imagen de película americana en blanco y negro, protagonizada por grandes estrellas y la elegancia de los años veinte y treinta. También están disponibles en amarillo, naranja, rosa y –mi favorita– blanco teñido de verde. Las gloriosas (*Gloriosa superba*), plantas trepadoras tropicales de África y Asia, tienen rayas rosas y amarillas. Me gusta la forma en la que los estrechos pétalos de cada flor se curvan hacia atrás para revelar los estambres con forma de rueca.

Nelumbo (loto)

Los lotos son nativos de Japón. Se parecen y crecen como los nenúfares, pero sólo tendemos a ver las desnudas cabezas que se importan, sean frescas y verdes o secas y marrones. Si las compra verdes, se secan rápidamente y se ponen marrones. En Japón, las raíces de loto son una exquisitez gastronómica; se conocen como *hasu* y se incluyen en varios platos, como el *sushi*. En ocasiones muy, muy excepcionales, llega una caja de flores de loto al mercado, y aunque no puedo resistirme a comprarlas, suelo arrepentirme ya que su vida es extremadamente corta.

Magnolia

La flor de magnolia es estacional y efímera. Me encantan las flores con forma de tulipán sobre las ramas desnudas y la forma en que los brotes se curvan hacia atrás para soltar los céreos pétalos. En el jardín en un día de sol, cuando los pétalos reciben calor, algunas especies de magnolia despiden una delicada fragancia alimonada. Las hojas conservadas de magnolia resultan de utilidad para los arreglos de invierno, sea en su estado natural verde brillante y el envés marrón y aterciopelado, o conservadas en glicerina y teñidas en tonos navideños como el burdeos oscuro.

Argyranthemum frutescens (margarita)

Estas sencillas flores son típicas de finales de la primavera y principios del verano. Son excelentes flores cortadas y plantas de exterior en macetas. Las vendemos arregladas en el clásico estándar: una bola de flores y follaje sobre un alargado conjunto de tallos desnudos.

Calendula officinalis (caléndula)

La humilde caléndula siempre ha sido una flor cortada popular. Hay variedades sencillas y dobles, y en una gama de colores que van desde el crema y el albaricoque hasta el amarillo. Me gusta su intensa fragancia «verde» y siempre cultivo algunas en mi jardín; se autopropagan por semillas con facilidad. En alguna época se les atribuyeron poderes para terminar con las riñas de los enamorados, siempre y cuando se recogieran en silencio y se pusieran en el alféizar de una ventana. Su poder era máximo el día de San Juan (24 de junio).

Acacia dealbata (mimosa)

En ocasiones me siento ambivalente con respecto a la mimosa. Debo confesar que el amarillo no es mi color favorito, y junto con el hecho de que, haga lo que haga, las mimosas no durarán más de unos cuantos días, mi desencanto aumenta. Pero me gusta su maravillosa fragancia y la forma en la que los esponjados pompones de flores caen en cascada por el tallo.

Soleirolia soleirolii

Estas pequeñas plantas de follaje se han puesto de moda en los últimos años. Las hay en tres tonos con un efecto muy atractivo cuando se agrupan: amarillo lima, plateado variegado y verde común. Es difícil cuidarlas como plantas de interior porque se secan rápidamente y necesitan rocío a diario. Pero déjelas cerca del césped y pronto se arrepentirá: no hay forma de detenerlas.

Narcissus (narciso)

Los narcisos son auténticas flores de primavera, aunque los cultivadores han extendido ligeramente la estación para poder comprarlos en Navidad. La variedad «Paper White» (en la fotografía) fue popular en la época victoriana, cuando se cultivaban sobre guijarros y se forzaba su floración para la Navidad. «Soleil d'Or» es una variedad amarillo dorada. Los narcisos llevan su nombre en honor al hermoso joven quien, según la mitología griega, se enamoró tan profundamente de su reflejo que se ahogó por ello, convirtiéndose en la flor que lleva su nombre. No resulta sorprendente que se hayan convertido en el símbolo del egoísmo.

Col ornamental

Una vez fueron populares como plantas de macetas o como bordes para los jardines, y ahora se venden en largos tallos para su uso en arreglos florales. Antes teníamos que comprarlas como plantas en macetas y alambrarlas a unas cañas para darles altura. Al igual que las clásicas cabezas blanco verdosas, también se presentan en rosas y violetas.

Paeonia (peonía)

Lo más atractivo de las peonías son las capas sobrepuestas de pétalos. Me gustan todos los colores que hay, desde el melocotón hasta el rosa claro o el rosa intenso. Encontré un cultivador justo en las afueras de Nueva York que produce unas cuarenta variedades diferentes para el negocio de la flor cortada, pero en Inglaterra no hay más que unas cinco. La más común es «Sarah Bernhardt» con flores onduladas ligeramente perfumadas. En el lenguaje victoriano de las flores, la inclusión de peonías en un arreglo era una manera de pedir perdón.

Orquídea

Los avances en los métodos de cultivo han hecho bajar los precios de las orquídeas. Antes los cultivadores tenían que esperar varios años para que una semilla o un esqueje madurara y floreciera; las técnicas de micropropagación producen ahora una planta con flor en cuestión de meses. Las orquídeas han tenido épocas en las que han estado de moda; las llamativas flores de *Cymbidium*, que se vendían en cajas de plástico para el día de la madre, contribuyeron a hacer caer su reputación, pero incluso éstas han vuelto. Otras flores cortadas populares incluyen *Phalaenopsis*, de flores de color blanco puro, y *Dendrobium*, con ramilletes de olorosas flores amarillas. Las orquídeas son extremadamente duraderas e ideales para los interiores contemporáneos.

Papaver (amapola)

Las amapolas son unas de mis flores favoritas. Incluso me gustan los capullos antes de que se abran: gordos estuches pilosos sobre retorcidos tallos llenos de cerdas. Estoy tan acostumbrada a los tallos perfectamente rectos que se cultivan comercialmente que me emociono cuando veo algo que mantiene su individualidad a pesar de los esfuerzos de los cultivadores; resulta muy refrescante. Intente comprar amapolas aún cerradas cuando el color apenas se asoma. Las amapolas duran bastante, pero los tallos se pudren primero, por lo que resulta esencial cambiar el agua diariamente y así reducir la probabilidad de que esto ocurra.

Protea (protea)

No resulta sorprendente que estas plantas parezcan prehistóricas, ya que existen desde hace trescientos millones de años. Los exploradores las trajeron a Europa de su África nativa en el siglo XVI. La emperatriz Josefina las cultivaba por capricho en su jardín de Malmaison. Fueron nombradas en honor a Proteo, el dios griego que tomaba diversas formas, ya que hay más de 1.400 variedades. La protea real (en la fotografía) tiene flósculos en forma de copa, rellenos con brácteas suaves y sedosas. Es duradera en agua y puede secarse con éxito; de hecho, se secará naturalmente si la deja en el jarrón, lo que le da aún más valor, ya que estos ejemplares son caros.

Pyracantha (espino de fuego)

Estos arbustos de jardín son bien conocidos y muy espinosos, por lo que no son el material ideal para los arreglos florales, aunque sus bayas intensamente coloreadas y de larga duración hacen que el riesgo valga la pena. Las bayas pueden ser de color escarlata, naranja o amarillo dorado. Si toma flores de su jardín, hágalo a principios de la temporada o encontrará que los pájaros se han comido las bayas.

Ranunculus (ranúnculo)

Estas extravagantes flores con múltiples pétalos son miembros de la familia de los botones de oro. Tienen capas y capas de pétalos que parecen papel de seda, y llegan a formar flores de hasta 5 cm de diámetro. Cómprelas siempre en botón y obsérvelas

Primula (prímula)

La familia de las prímulas es muy grande y mis favoritas son las aurículas. En la feria de Chelsea siempre voy directamente al puesto donde se exponen contra un telón negro, con sus extraordinarias flores de color escarlata bordeadas de verde, o granate oscuro con un ojo blanco. Las prímulas comunes son más bien simples; me gustan en jardineras para ventanas o en macetas.

Salix caprea (bardaguera, sauce cabruno)

Las suaves flores peludas de la bardaguera se producen antes de que broten las hojas de los tallos, lo que le da tiempo para apreciarlas. Ahora que se cultiva comercialmente, se pueden comprar en tallos rectos de hasta 1,8 m de altura, que ofrecen un aspecto asombroso en un jarrón por sí solas. Antes de cultivarse comercialmente, se compraban tallos mucho más cortos, con infinidad de ramas laterales, que se cortaban directamente del seto, y ofrecían un aspecto muy natural al combinarlo con Euphorbia verde lima y tulipanes, por ejemplo.

cuando se abren y prácticamente doblan su tamaño. Deberían durar al menos dos semanas, y las hay en rosa, rojo, amarillo o blanco (que resulta encantador para los ramos de novia). Entre finales de otoño y la primavera compro ranúnculos italianos y holandeses en ramos de un solo color y largos tallos. Después, en verano, recibo las flores cultivadas en Inglaterra, en ramos de tallos cortos y colores mezclados. No puedo decidir qué estilo me gusta más. También es frecuente verlos como flor en maceta.

Photinia «Red Robin»

Esta planta está disponible como follaje cortado durante todo el año gracias a los cultivadores holandeses, pero únicamente los brotes nuevos en primavera tienen el familiar color rojo vivo que le da el nombre a la planta. Durante el resto del año, las hojas son de un brillante color verde oscuro, con hojas marcadamente serradas, lo que les da un aspecto similar al de las rosas. Su intenso brillo es un factor importante al considerar la textura

Rosa

Pensamos en las rosas como si fueran la auténtica imagen inglesa, aunque todo depende de la forma de emplearlas. Las rosas en largos tallos tienen un aspecto muy parisino; cortadas cortas y mezcladas con flores de jardín parecen flores campestres. Hoy en día las flores están disponibles todo el año, y se importan de Colombia, Kenia, Israel, México y Holanda. Los cultivadores han aumentado la gama de colores en la que se presentan, incluyendo los marrones sepia y los púrpuras. Las rosas que se cultivan para su venta como flor cortada rara vez están a la venta como planta de jardín, pero si lo que busca es combinar el color de una rosa cortada con un arbusto, no debe ser difícil, ya que hay cientos de variedades de rosa en los centros de jardinería.

Scabiosa (escabiosa)

Estas flores se han cultivado incondicionalmente en las casas de campo. Cuando comencé a trabajar, la escabiosa era mi flor favorita, y aún me encanta la forma en la que los pequeños «nudos» en el centro se abren gradualmente. Es una de las flores que han permanecido inalteradas y sin mejorar a lo largo de mi carrera. Son flores minoritarias para los cultivadores y realmente las echaría de menos si no las cultivaran. Aunque no van a la cabeza de las tendencias, aún hay un lugar definitivo para estas flores silvestres.

en un arreglo, especialmente cuando utilice una mezcla de follajes. «Red Robin» es un arbusto popular en el jardín, y para obtener un buen follaje rojo debe podar los tallos en invierno para que produzcan muchos brotes nuevos en la primavera. También hay algunas especies caducas, cuyas hojas se vuelven de un brillante color naranja o rojo en otoño, y con vistosas bayas rojas.

Salvia

Las que se venden como flores cortadas están lejos de ser como la llamativa variedad roja que se utiliza en los esquemas de plantación urbanos. No son sólo las flores las que están coloreadas, sino también las brácteas semejantes a hojas que las rodean. Me gustan las variedades de intenso color violeta y los oscuros rosas. Aún no se cultivan comercialmente, por lo que puede ser difícil encontrarlas.

Senecio

No me gustan las flores amarillas de este arbusto, pero sí sus hojas plateadas. No soy la única que tiene esta opinión: algunos eminentes jardineros la comparten y es bien sabido que van al jardín y cortan los brotes antes de que se abran. Como el follaje plateado es útil con los azules y los rosas, sería un desastre combinarlo con amarillo. Esta especie ofrece un aspecto maravilloso en las combinaciones navideñas, con flores rojas o blancas.

Galanthus (campanilla)

Cuando veo las primeras cajas de campanillas en el mercado, con sus diminutos tallos envueltos en rafia o atados con una hoja de hiedra, sé que admiro un trabajo hecho con amor, y no una empresa enfocada a los beneficios. Algunas se cultivan en conventos y me imagino los dedos fríos de las monjas recogiéndolas y atándolas, y me pregunto cuánto más durará la tradición. Las campanillas son tan hermosas que nunca les hacemos nada. Simbolizan la renovación, y es evidente el motivo: florecen en pleno invierno.

Stephanotis

El olor de *Stephanotis* evoca mis épocas de aprendiz engarzando cientos de flósculos para que el florista creara el ramo. La textura cérea de las flores las hace durar mucho, pero necesitan engarzarse porque sus tallos son cortos. Se pueden comprar *Stephanotis* en bolsas de flósculos cortados y listos para alambrar, o como plantas en macetas. Aunque fueron una flor tradicional para las novias, cayeron en desuso durante una temporada, pero ahora han vuelto, y se emplean en ramos pequeños o diademas.

Tulipa (tulipán)

Me encantan los tulipanes, en especial las variedades rizadas con sus pinceladas rojas en los pétalos, pero también me gustan los franceses de tallo largo. Me gusta la forma en la que crecen con optimismo en el jarrón, buscan la luz y caen sobre el borde del recipiente. Los tulipanes están entre las flores cortadas con tendencia a marchitarse. Si desenvuelve un ramo y encuentra que los tallos están blandos y no soportan bien las flores, siga el tratamiento de la página 65. Hace unos cuantos años tuve el honor de que un tulipán llevara mi nombre; se trata de una variedad de jardín con flores anaranjadas con forma de azucena y una ligera fragancia.

Stachys (betónica)

Cuenta con suaves hojas aterciopeladas. Las plantas no se cultivan comercialmente, por lo que deberá encontrar un proveedor que pueda hallarlas en jardines o con minoristas, lo que las hace aún más valiosas. La textura sedosa de las hojas las hace populares para los trabajos nupciales.

Helianthus annuus (girasol)

Los girasoles están ahora disponibles en una gama de colores, y no únicamente los clásicos pétalos amarillos con el centro marrón. Las variedades más recientes tienen pétalos marrones que dan un aire de antigüedad al arreglo. Los girasoles son fáciles de cultivar: si los quiere como flor cortada, las variedades que dan más de una flor en cada planta serán más útiles que las tradicionales plantas que conocimos en nuestra infancia.

Veronica (verónica)

Estas típicas flores de arriate de jardín se cultivan ahora comercialmente, pero la calidad es errática. Cuando es buena, tienen una larga duración. Las verónicas se encuentran en tonos púrpura, blanco y rosa oscuro, y un tono azul que me gusta emplear para temas costeros; para mí tienen el aspecto de una flor que crece cerca de la playa. No son flores de especiales características; un par de tallos en un jarrón pueden ofrecer un buen aspecto, pero resultan mejores mezcladas con otras flores.

Viola odorata (Violeta)

Las violetas parecen flores de otra época, la del Londres de Dickens cuando se vendían en las esquinas de las calles. Obviamente el cogerlas y atarlas en pequeños ramos requiere mucho tiempo, pero se venden por tan poco que es probable que lleguen a desaparecer. Las violetas no duran mucho tiempo, pero puede aumentar su vida sumergiéndolas en un cuenco con agua antes de preparar el ramo; simbolizan la modestia.

Zinnia

Parecen flores inocentes, probablemente porque se venden en ramos multicolores, con una mezcla de tonos y matices: un arreglo divertido en naranja, rosa y amarillo. Pero incluso estas flores han madurado con los años, y ahora puede comprar variedades verdes de mayor tamaño, y ramos de un solo color sobre tallos más largos.

índice

agradecimientos

Del autor

Cuando comienzo un libro, lo hago con una sensación de emoción nerviosa, y cuando está terminado y respiro con alivio, me sobreviene una sensación de tristeza al darme cuenta de que no trabajaré más con el equipo, por lo menos no inmediatamente.

Me he divertido mucho trabajando en este libro, y quisiera agradecer a todos aquellos (y créanme, han sido muchos) que han colaborado conmigo. En primer lugar Cath y Lesley, quienes desempeñaron papeles tan importantes: Cath por su fotografía absoluta e increíblemente fantástica y por su tranquilidad y su risa que nos ayudaron en los días difíciles, y Lesley por sus maravillosos diseños, vista para los detalles y su tan retorcido sentido del humor. Y por supuesto, Alison, de Conran Octopus, por presentarme a esta pareja con tanto talento, y por su propia dedicación y empuje en la tarea. Un enorme «gracias» a Avril, que nos rescató con su ojo intuitivo, ordenó nuestros montones de fotografías y produjo de la noche a la mañana un libro con un diseño fantástico; a Sharon, que rápidamente absorbió mis desordenados pensamientos y, para mi sorpresa, los organizó sobre el papel en exactamente (y quiero decir exactamente) la forma que yo esperaba; y a Helen, quien con calma y paciencia disipó nuestros problemas creando un conjunto con todo el material. Muchas gracias.

Además, quisiera agradecer a mi propio equipo en Jane Packer Flowers por su ayuda en este proyecto.

Del editor

El editor desea agradecer a: LSA International por los jarrones de cristal «Giant Orvieto», página 36; el gran jarrón de cristal azul «Viva», página 124; los jarrones altos y azules «Achilles», página 125, y los jarrones «zigzag», página 128; Habitat, por los jarrones de cerámica, páginas 54-55; Momo, por su amabilidad al dejarnos tomar fotografías dentro del restaurante, páginas 78-81; el catálogo de pedido por correo Twelve 12, por el quemador de incienso en madera, página 82; Bowwow, por la peana de madera, página 82, y Kate Schuricht Ceramics, por los pequeños jarrones de raku con forro de vidrio, páginas 120-121.

El editor también quiere dar las gracias a Helen Woodhall, Catriona Woodburn, Libby Willis, Kathie Gill y Barbara Haynes.